曹操用人術

東野君 著

前言

曹操之所以能取天下於群雄之首，固然得益於他的雄才大略，得益於他的「挾天子以令諸侯」的政治優勢。曹操深知「得人才者得天下」的道理。早在與袁紹共同起兵之初，在與袁紹論及「何所可據」時，袁紹說：「吾南據河，北阻燕、代，兼戎狄之眾，南向以爭天下，庶可以濟乎？」曹操說：「吾任天下之智力，以道御之，無所不可。」其識高於袁紹真是不可以里計！

曹操曾三次發出《求才令》，建安十五年春的《求才令》說：「自古受命及中興之君，曷嘗不得賢人君子與之共治天下者乎？及其得賢者，曾不出閭巷，豈幸相遇哉？上之人求之耳。今天下尚未定，此特求賢之爭時也。二三子其佐我明揚仄陋，惟才是舉，吾得而用之。」

正是基於這樣的認識，他不遺餘力，大力網羅天下英才，對夤夜來奔的許攸他跣足出迎；對草檄罵了他祖宗「三代」的陳琳仍愛其才而不咎。由於這樣，在曹操帳下很快地聚集起一大批文韜武略之士，形成了一個「文武並用，英雄畢力」的局面。

延攬人才固屬不易，如何駕馭和使用才是事業興衰成敗的關鍵。這一點，對於曹操來說並不難，他本身就是一個文韜武略的領袖人物，各路人才追隨他猶如眾星捧月一般，使得曹操可以因才施用、擇善而從、善集眾智、善納群言。雖然曹操對荀彧、郭嘉、程昱等更看重一些，但總的來說，他一點也不「偏食」，並不單純倚重某一個人，每有大事，曹操總是集中群臣共同商議，充分聽取大家的意見，經過一番七嘴八舌之後，然後形成決斷。這與劉備、孫權僅依重幾個人，而這幾個人殫精竭慮、鞠躬盡瘁也難成大事形成鮮明對比。

「滾滾長江東逝水，浪花淘盡英雄。」魏武曹操已經隨著歷史的濤聲遠去了，但是他的用人藝術，給予我們的啟迪卻歷久彌新。俄國著名的文學家契訶夫有言：「寫作的藝術，就是精鍊的藝術。」

本書正是在大量曹操的生平、傳說和著作的基礎上，從便於今人掌握和運用的角度進行了深入的剖析，使本書在具有一定的知識性和趣味性，又具有較強的實用性。

目錄

第一章　用人不要用個人好惡，唯才是用

第二章　獨特用人手段——恩不可專用，罰不可獨任

第三章　英雄與梟雄的一線之隔

第一章 用人不要用個人好惡，唯才是用

人之才情，在乎其用。治人攏心的宗旨就是讓各種人才任我駕馭，要達到的目標有三個：以少勝多，即少數人有效控制多數人；以劣勝優，即讓德才超己者甘心為自己效命；以低換高，即儘量降低人才成本。而用者之首，是為善任。善任則其能當其位；不善任，則如「駿馬力田」。正如毛宗崗所言：「歷稽載籍，奸雄接踵，而智足以攬人才而欺天下者莫如曹操。」的確，曹操的御人謀略和權術獨有一格。

一、尋伯樂，攬人才，善於利用以人御人

——「龍欲升天須浮雲，人之仕進待中人」，只有舉薦成風，賢才方能湧進；「明主治吏不治民」，只有選好、用好「管官的官」，才能以少御多。

自古以來有雄才的統御者都非常重視從下至上推薦人才，春秋五霸之一的齊桓公就曾下令：「於子之鄉，有居處為義好學，聰明質仁，慈孝於父母，長弟聞於鄉里者，有則以告。有而不以告，謂之蔽賢，其罪五。」曹操為了其「掃平天下」的需求，也大力倡導舉薦人才，這一點，前文已有述。但是他還不僅止於此，曹操還看到了建立「選官管官」制度的重要性。

1．選好「管官之官」

從隋唐始，到清末止，中國的中央機構中，建有吏、戶、禮、兵、刑、工六部。歷史上，禮戶二部曾發生過爭「老二」的問題，但誰也不敢與吏部爭首。何也？吏部掌人權，吏部的官是管官的官。同是一級部，皇帝、丞相把吏部看得高於其他部，誰能爭？

得罪了管官的官，恐怕「穿小鞋」，誰敢爭？歷代對管官的官的條件，一般要求較嚴，無論素質和品行，高於別部同品，看人家，比自己，覺得爭不過，這也是一個事實。

因吏部確實重要，所以，歷代有作為的君主，都注意發揮吏部作用，精心挑選吏部官員。三國時沒有吏部，尚書分曹治事，但吏部的雛型已經有了。曹操能夠推開「惟才是舉」的幹部路線，在很大程度上，靠的就是管官的官。

曹操為丞相，選用的第一個主管幹部的官員是崔琰。崔琰是經袁紹的提拔走上仕途的。因得罪了袁紹的兩個兒子，被「幽於囹圄」。曹操攻下冀州，任命崔琰為「別駕從事」。曹操高興地對崔琰說：「冀州真是個大地方，我查了下戶籍，可得三十多萬人。」崔琰說：「你這話說得不對，現在天下分裂，百姓受難，你不先想辦法醫治創傷，只計較得人多少，會失掉威信的。」曹操與崔琰頭一次談話，就挨了一記悶棍，這一棍，使曹操發熱的頭腦立時冷靜下來，莊重地向崔琰表示了謝意。

大概從這時起，曹操格外注意崔琰，他一當上丞相，就公開讚揚崔琰「有伯夷之風，史魚之直」，認為讓他做管官的官可使「貪夫慕名而清，壯士尚稱而歷」。曹操做了魏王，把任「東西曹掾征事」的崔琰，提拔為「尚書」，全面負責中央的人事工作。

崔琰任尚書，「甚有威重，朝士瞻望，而太祖亦敬憚焉」。也就是說，從上到下，各級官員，甚至曹操自己，都敬畏他三分。在此期間，崔琰秉公辦事，不徇私情選拔了很多人，後來大名鼎鼎的司馬懿，就是崔琰發現並推薦上來的。曹操的長子死得早，立太子需在曹丕和曹植中選擇。曹丕和曹植各有所長，究竟立誰，莫衷一是，曹操厚愛曹植，但又拿不定主意。於是曹操就寫了不少密信，徵求大家意見。別人都又以密信的形式表達了自己的看法，惟獨崔琰公開的表示應立曹丕。曹植是崔琰哥哥的女婿，與崔琰可算是不遠的親戚。崔琰的這種態度，使曹操大為感慨，對崔琰更加器重。

曹操選用的另一個主管幹部的官員是毛玠。毛玠，「少為縣吏，以清公稱」。天下大亂，去投奔劉表，在路上打聽到劉表「政令不明」，就輾轉到曹營。曹操奉行的「挾天子以令不臣，修耕植以畜軍資」兩大方針，便是他的建議。他「與崔琰並典選舉，其所舉用，雖於時有盛名而行不由本者，終莫得進。務以儉率人，由是天下之士無不以廉節自勵，雖貴寵之臣，輿服不敢過度」。

太祖歎曰：「用人如此，使天下人自治，吾復何為焉。」更進一步介紹了毛玠的為人和用人：「玠雅亮公正，在官清恪。其典選舉，拔貞實，斥華偽，進遜行，抑阿黨。諸宰官治民功績不著而私財豐足者，皆免黜停廢，久不選用。於是四海翕然，莫不勵行。至乃長吏還者，垢面羸衣，常乘柴車。軍吏入府，朝服徒行。人擬壺飧之勢，家象濯纓之操，貴者無穢欲之累，賤者絕奸貨之求。吏絜於上，俗移乎下，民到於今稱之。」

這段記述，誇大之辭可能是有的，但基本事實是可信的。操守不清廉、作風不正派的人一概不選拔；官員回家省親不敢穿戴華豔；武官進朝一律著統一服裝步行；就是地位很高的官員，也不敢過度鋪張；有的甚至自帶簡單的飯菜到官所。把各級官員管理到這樣一種程度，與東漢末年的奢靡俗尚，形成了鮮明的對照。有這樣一支幹部隊伍，曹操未能統一天下，實在是個歷史的遺憾。

曹操重視「伯樂」隊伍建設，還表現在他千方百計地保護「伯樂」，給「伯樂」以政治上的極大信任。毛玠擔任東曹掾職務後，秉公辦事，公道用人，不徇私情，不開「後門」。

有一次，曹操之子曹丕親自找到毛玠請他任用自己的一個親屬。毛玠認為曹丕的做法不符合幹部的任免程序序，當即予以回絕。像這樣鐵面無私的事，在毛玠身上多有表現，因而得罪了一部分人。許多人既怕他，又恨他。

西元二一二年，有人利用合併機構的機會，以西曹地位高於東曹為由，要求裁併東曹，藉以排擠毛玠。曹操了解其中緣由，特地下了一道手令：「日出於東，月盛於東，凡人言方，亦復先東，何以省東曹？」在曹操的支援下，裁併結果是砍掉了西曹保留了東曹，也就是保留了毛玠的職位，支援了毛玠的工作。毛玠貫徹曹操的用人方針十分盡職。一方面，他重視真才實學的人，另一方面十分注重德行的考察，選用了不少清正廉潔又有才能的人。對平時雖然名聲顯赫，但品行不端正、不守本分的人，華而不實、嘩眾取寵的人，驕傲自滿、拉幫結夥的人，在毛玠那裏都得不到錄用機會，從而為曹操集團開了一代用人新風。

除崔琰、毛玠外，曹操在世時，還任徐奕、何夔、邢顒、鮑勳等人，分管過宮內、宮外的人事工作。他們也均盡職盡責，恪守公正，為曹操革除幹部隊伍中的腐敗做了一定貢獻。

管官的官，確實有別於其他的官。工作的性質決定，他應是伯樂，否則不能發現人才；他應是人梯，否則不能提摯人才；他應是榜樣，否則不能誠服人才。無數事實證明，只有首先選好了管官的官，才能把好整個幹部隊伍的關。所以，嚴格挑選管官的官，是統御者治人攏心的一件大事。

2·用好「管官之官」

既然管官的官有別於其他的官，所以，用好管官的官也特別值得一提。這一點上，曹操留給我們更多是教訓。

崔琰典選所以「甚有威重，朝士瞻望」，除了他自身素質和品行之外，曹操對他的尊重和信任，是至關重要的。崔琰認為司馬懿是個人才，而司馬懿的哥哥司馬朗卻認為弟弟不怎麼樣。「宣王（司馬懿）方壯，琰謂朗曰：『子之弟，聰哲明允，剛斷英特，殆非子之所及也。』朗以為不然，而琰每秉此論。」

推薦一個人，有不同看法是正常的，但持反對意見的不是別人，正是被薦者的親哥。在這種情況下，曹操該聽誰的呢？權衡再三，還是聽了崔琰的。有一個叫楊訓的人，「雖才好不足，而清貞守道」，如是別人推舉，曹操肯定不會點頭，因是崔琰提名，曹操「即禮辟之」。曹操當了魏王，阿議稱頌的人很多，楊訓也出來湊熱鬧。大概是楊訓用的詞語不當，被一些人譏笑，並影射崔琰舉薦人有誤。崔琰趕緊要來楊訓的表章，看後對楊訓說：「寫得不錯，可能不合時宜，會有變化的。」萬沒想到這話傳到曹操耳中，竟招來了殺身之禍。崔琰說這些話，本意是反譏有些人愛吹毛求疵，可是經密告者添油加醋，就變成了傲世怨謗。而曹操認為崔琰侮辱了他，先罰他為徒隸，後見崔琰一點檢討的意思都沒有，一狠心把他賜死了。

崔琰這樣喪身，毛玠當然不滿。毛玠平時得罪的人見有機可乘，也給毛玠造了一謠，曹操聽後又是大怒，把毛玠關進了監獄。毛玠據理力爭，好友桓階、和洽全力相救，才得了一個「免黜」的處理，氣死在家中。兩位為曹操管理幹部做出了很大貢獻的人，先後落了這樣的下場，豈不惜乎？豈不怪乎？

惜是惜，怪不怪。物色一個稱職的吏部官員很不容易，曹操一句話，便給送上了西天，能不可惜？陳壽寫《三國志》，就大鳴不平說：「琰最為世所痛惜，至今冤之。」為什麼不怪呢？在封建專制時代，有伴君如伴虎之說。管官的官，整天與用他的君主在一起，關係密切，說話隨便一句不合心意，就有被君主的虎口吃掉之危；管官的官都有不怕得罪人的特點，一旦得罪下人，就往往會挨誣告。崔琰、毛玠「背黑鍋」，都是因為「有白」者。管官的官也不是十全十美，管長了更容易形成職業病：自己看中的人一定要提起來，提上來後有點不是也要掩蓋。楊訓本來「才好不足」，崔琰力薦提拔了；那麼多人稱頌曹操不被議論，惟獨楊訓被譏笑，肯定是寫得有問題，崔琰還說他寫得不錯，這不是太偏護自己看中的人了嗎？

選好一個管官的官不易，用好一個管官的官則更難。縱觀封建專制史，吏官多數沒有好下場。其根本原因，當然是由那種封建專制吃人害人的制度決定的，但也不能忽視管官的官的自身弱點帶來的原因。管官的官自恃清高，容易被人「敬而遠之」；管官的官身恃秉公，容易形成固執己見；管官的官自恃器重，容易接受恭維之言。一旦被人不敬，被人不恭，被人不從，往往遷怒於別人，很難冷靜地反省自我。

二、善擇人，盡其才，仁者用仁，智者用智
——「夫大將受任，必先料人，知其才力之勇怯，藝能之精粗，所使人各當其分，此軍之善政也。」

古人云：「國有三不祥，夫有賢而不知，知而不用，用而不任。」這一精闢的論述，說明了一個道理：身為統御者，必須知人善任。知人善任是一種很高的治人攏心之道，它不僅可以造就人才的脫穎而出，而且是成就事業的關鍵所在。任心之術的一個關鍵就在於要「因事擇人」、「因人器使」和「用盡其才」。

1・擇人任勢，「素皆不睦」亦可使如一人

《孫子兵法・勢篇》云：「故善戰者，求之於勢，不責於人，故能擇人而任勢。」原意指根據不同的敵情，選擇優秀的指揮員，是軍事指揮中的一個方法。但這一方法具有普遍性，也適合其他領域的統御者。

曹操能夠掃平天下，是和他對人才能夠各用其長並能互相配合的使用方法分不開

的。曹操早在「惟才是舉」令中很明確地表明了他的「因才授任」思想。他引用了孔子所說的一句話，說如讓魯大夫孟公綽做晉國諸卿趙氏、魏氏的家臣，那是力有餘裕的；但他卻沒有才能來做滕、薛這樣小國的大夫。言外之意是，適宜做大國家臣的人，卻不一定適宜做小國的大夫。孟公綽大概是一個廉靜寡欲而缺乏實際才能的人，所以做趙、魏的家臣則有餘，做滕、薛的大夫則不行。在這裏，曹操意在說明德才各有短長，用人不能求全責備，必須因才授任。

曹操進一步以管仲為例，說明不一定非得是廉士才可以使用。管仲年輕時貧困，同鮑叔牙合夥經商，等到分財利時，管仲欺鮑叔牙而多取，因此得了個不廉之名；後事齊公子糾，又曾謀害小白（齊桓公）。但齊桓公不嫌管仲有不廉之名，也不計較他曾經謀害過自己，仍任用他為相，終於稱霸諸侯。

因此，曹操在用人上總是能做到仁者用其仁，智者採其智，武將任其勇，文職盡其能，既善用人力，又善納人言，擇人任勢，最大限度地用人之所長。

曹營內戰將雲集，有的性如烈火，視死如歸（如典韋、龐德等），每有大戰惡鬥，曹操總是派他們披堅執銳，衝鋒陷陣；有的智勇雙全，文武兼備（如曹仁、張郃等），曹操平時把他們放在重要崗位，遇有戰事，放手讓他們統率諸軍，獨當一面；有的膽識不足，優柔寡斷，曹操就因人制宜，將他們搭配在合適的主帥營中，當好配角。曹操量才任使，既善用人，又善用言的實例很多，只要有一技之長，他就抓住不放。對於不能征戰的文人，曹操也愛不釋手。如果不是曹操把那些著名的文士都收攏到自己周圍，並發揮他們的作用，很難想像中國的文學史上，會有空前繁榮的「建安時代」。

文學大師王粲根據自己親身經歷，將曹操、袁紹、劉表作了對比，深有感觸地說：「袁紹雖兵多，然有賢而不能用，故奇士去之；劉表雍容荊楚，坐觀時變，士之避亂荊州者皆海內之俊傑，表不知所任，故國危而無輔。明公定冀州之日，下車即繕其甲卒，收其豪傑而用之，以橫行天下；及平江、漢，引其賢俊置之列位，使海內歸心，望風而願治，文武並用，英雄畢力，此三王之舉也。」

曹操知人善任，王粲感懷之言深刻地說明，衡量一個統御者是否高明，不僅看他招攬聚集了多少人，更要看他如何用人。聚才是為了用才，用好才能更好地聚才。人才再多而不善用，不是造成怨聲載道，就是反使內耗叢生。這樣，人才越多，反作用越大，不僅不能成事，反而壞大事。

三國中知人善任的人和事很多，其中曹操用張遼、李典、樂進三位將軍守合肥，就是知人善任的一個較為典型的例子——

孫權獲赤壁之戰的重大勝利後，趁勝北上，先下皖城，接著直逼合肥。把守合肥的曹軍將領張遼、李典、樂進因平時「素皆不睦」，在吳軍壓境、兵臨城下的危急時刻仍感情不合，意見不一。就在這關鍵時刻，遠在漢中的曹操忽然遣薛悌送來一個木匣，上書「賊來乃發」。在置於密匣的命令中，曹操對合肥的防禦作戰做出具體部署，指出：「若孫權至，張、李二將軍出戰，樂將軍守城。」由此引出了三將軍合力守合肥，張文遠威震消遙津的雄壯戰爭場面。

關於演義所寫張遼、李典、樂進守合肥之事，據考證，曹、吳合肥之戰確有其事，且進行了兩次：第一次張遼、李典、樂進沒有參加，第二次他們參加了。而演義所寫曹操送密匣之事，《三國志．張遼傳》中是這樣記載的：「太祖征張魯，教與護軍薛悌，署函邊曰：『賊來乃發。』俄而權率十萬眾圍合肥，乃共發教，教曰：『若孫權至者，張、李將軍出戰，樂將軍守護軍，勿得與戰。』」可見曹操雖沒有派人送密匣，但留給薛悌的教帖內容卻是與演義中所說的置於密匣的命令內容相吻合的。綜上所述，演義寫的張遼、李典、樂進守合肥之事，可以說基本上成立。

原來，建安二十年（西元二一五年），魏、吳兩軍在合肥進行了一場激戰，這次戰役曹操安排的三個主將張遼、樂進、李典三人，都是曹操手下的大將，都立有赫赫戰功。論資歷和能力，三人相差無幾；論地位和職務，三人也不相上下，這大概是「進、典、遼皆素不睦」的主要原因。安排這樣三人守城，確有很大的危險性。但是，曹操自有高見，他在西征張魯之前，就寫好了一封密信交給了合肥護軍薛悌，在信封上特別注明：等吳兵來攻時再拆開看。曹操的葫蘆裏裝的什麼藥，大家都不得而知。等到曹操去遠了，孫權果然率大兵來攻。危急中大家拆開密信，不看則已，一看都有點納悶。只見信上寥寥數語：「若孫權至者，張、李將軍出戰；樂將軍守護軍，勿得與戰。」

諸將皆疑。第一個明白了曹操意圖的是張遼，他說：「曹公的意思是說，他遠征在外，如等他來救，敵人早已把我們打敗。我們只有在敵人站穩腳跟之前，有守城的，有進攻的，打敵人個措手不及，才能以攻為守。是勝是敗，在此一戰，大家還懷疑什麼！」聽張遼慷慨一談，李典也有了同感。

張遼這個人，「少為郡吏，武力過人」，很早就當過並州刺史丁原的「從事」，以後跟何進、董卓等人征戰，二十七歲時，在呂布手下「領魯相」。呂布被曹操戰敗，張遼率部歸降了曹操，被曹操「拜中郎將，賜爵關內侯」。跟曹操後，張遼曾不避大險隻身到敵營威勸昌豨投降成功，又在敗袁紹、攻袁譚、征柳城等大戰中屢建殊功。在別人看來辦不成、不敢辦的事上，張遼屢有獨見，敢於一搏，所以多次得到曹操的讚賞。經歷和實績表明，這是個文武職務都任過、有膽有識的人物。曹操把他放在合肥，目的是清楚的，就是要他起組織和協調守軍的核心作用。張遼果真不負曹操所望。

令人費解的是，曹操為什麼不讓樂進出戰而讓他守護，不讓李典守護而讓他出戰？史書記載，樂進「容貌短小，以膽烈從太祖，為帳下吏」，曹操稱他「每臨攻戰，常為督率，奮強突固，無堅不陷，自援枹鼓，手不知卷」，為此封他個雅號叫「折沖將軍」。不難看出，樂進是個性烈膽壯的猛將。李典的氣質與樂進有很大不同。「典好學問，貴儒雅，不與諸將爭功，敬賢士大夫，恂恂若不及，軍中稱其長者。」李典跟隨曹操的時間雖長，但獨當一面的經歷很少，他雖然年僅三十五歲便死去，但早已得到「長者」的美稱。不難看出，李典是個愛學習、有修養、善與人同、顧全大局的人才。按照用人常規，讓李典守護較適宜，而讓樂進與張遼一塊出戰更加合適。曹操偏偏將二人倒用，這不是費解嗎？仔細分析，這正是曹操用人上的超常表現。三駕馬車，絕無戰鬥力可言，如把互不和睦的三人擰在一起，必先有兩人攜手。

在曹操看來，大敵當前，張遼置個人得失於度外是沒有問題的，李典素有「不與諸將爭功」的品格，如見張遼以大局為重，配合張遼行事也沒有問題。令他二人出戰，自然容易統一思想，相互支援，完成任務。有了這二人的團結和統一，就不愁把樂進帶起來了。如讓樂進出戰，很難保證樂進不與張遼爭功鬥氣，如二人發生爭吵，樂進很難協調，那樣三人就無法形成統一的整體。這裏面還潛著一層意思：明明該由樂進出戰而令其守護，是對他的「警告」。就是說，你樂進如果以大局為重，就要在張遼指揮下與李典爭著出戰，即使你不爭著出戰，也要好好地將城守住。如果樂進爭著出戰，那麼三人的凝聚力會更大，這才是曹操希望的第一方案；如果樂進不明白這個意思，老老實實地守護，也是很不錯的第二方案。

曹操一封密信，為三人的團結對敵設了一個「雙重保險」，無論出現哪種情況，都能做到萬無一失。果如曹操所料，張遼見信，率先表態，慷慨激昂地表示決一死戰，緊接著附和的便是李典。《三國志・李典傳》是這樣寫下李典附和支援張遼的：「遼恐其不從，典慨然曰：『此國家大事，顧君計何如耳，吾何以私憾而忘公義乎！』乃率眾與遼破走權。」

《三國演義》描繪此戰更為神奇：「這一陣殺得江南人人害怕，聞張遼大名，小兒也不敢夜啼。」

可見，人作為芸芸眾生，從區別一面看則各不相同。明代葉子奇在《草木子》中云：「造化無全功，巧其音者拙其羽，豐其實者嗇其花。」人也是如此，有其長必有其短，有其能也必有其愚。面對此情，統御者就要善擇人、善用人，要用其長而抑其短，揚其能而抑其愚，這樣，人人可各得其所；使「天生我才必有用」落到實處。

明人呂柟在《涇野子》中說了個故事——

「某人有五個兒子，一個木呆呆，一個鬼精靈，一個瞎眼，一個背駝，一個腿瘸。於是老父親就讓木呆呆的去務農，面朝黃土背朝天；讓精靈鬼去做買賣，只佔便宜不吃虧；讓瞎眼老三去算卦，打扮起來蠻像樣；讓駝背老四搓麻繩，低頭彎腰背不疼；讓腿瘸的老五紡線織布，坐在織機前不用動。他的這一安排，使五個兒子各得其所，都能安身立命，終身不愁吃穿。」

故事中作為統御者的父親知道任勢而擇人，他從幾個孩子的特殊性出發，注意揚長避短，甚至巧用此短。把短處變長，使幾個孩子盡其「才」：木呆呆是短處，但這樣的人不見異思遷、投機取巧，可以踏踏實實把田種好；瘸腿是殘廢，但人能坐得更安穩，在織機前能坐得住，織布時花的時間和心思必然超出一般人；駝背是缺陷，在搓麻繩中就變成了長處。

有詩云：「駿馬能歷險，犁田不如牛，堅車能載重，渡河不如舟，捨長以就短，智者難為謀，生才貴適用，慎勿多苛求。」詩中說的是用人要用得恰到好處，要用其特長。用其特長，往往會收到事半功倍的效果。唐高宗時的監察御史魏元忠一次接受督查皇上外出車隊安全的任務，為了防止財物失竊，他靈機一動，來到監獄，從中挑選了一名竊術高超的在押慣盜。他給這個慣盜穿上官服，與自己同吃同住，十分優待。在這慣盜的細心防範下，皇帝御駕車隊的財物，從長安到洛陽，一路上竟然沒有失竊一件。

魏元忠這靈機一動，打破了常規，在用人上不拘一格，在特殊任務中用有其特長的「專門」人才，用「惟盜知盜」最清楚，故「用賊防賊」最牢靠。

2・善於授權，「君命有所不受」

用人之道，就是明責授權。一個統御者即使再有本事，也不可能獨自攬好一切。因此，越是高明的統御者，越願意授權與下級。特別是對於遠離指揮中心，獨當一面的負責人，更應通過授權這一手段，來充分發揮他的獨立負責作用。然而，授權不是交權，更不是大權旁落。什麼時候授，授到什麼程度，什麼時候收回等等，都有許多學問。看一看三國時期魏國名將張郃與蜀軍幾戰的勝負經過，有助於加深對這個問題的認識。

張郃原是袁紹手下的戰將，在官渡之戰中，為逃避讒言迫害，臨陣投奔了曹操，被曹操拜為偏將軍，封都亭侯，隨曹操攻鄴州，擊袁譚，征東萊，破馬超，圍安定，屢建奇功，深得曹操器重。建安二十年（西元二一五年）隨曹操入漢中征張魯，張魯投降後，與夏侯淵一起守漢中。張魯降曹，對劉備十分不利，率精兵爭漢中，激戰中夏侯淵喪命。「當是時，新失元帥，恐為備所趁，三軍皆失色。」

危急中，夏侯淵的司馬郭淮站出來說：「張將軍，國家名將，劉備所憚，今日事急，非張將軍不能安也，遂推郃為軍主。」此時，曹操遠在長安，聽到這個消息，大吃一驚，但他很快鎮靜下來，採取了兩條緊急措施：一是馬上派人去前線，「假郃節」（授於殺犯軍令人的全權），莊重地承認批准了諸將對張郃的推戴。張郃「勒兵安陣，諸將皆受郃節度，眾心乃定」。二是「遂自至漢中」，親自去安排下一步的軍事行動。既授權與張郃，前線已安定，曹操再親去漢中不是多餘嗎？不，這正是曹操善於授權的表現。因為，一、從當時的情況和張郃的才幹看，只有授權張郃，才能穩定局勢；二、夏侯淵喪命，曹兵敗績，雖然軍心已穩，但在是攻是退這樣大的決策上，張郃是難以做主的，如果遲遲不去，前線軍隊必處進退維谷境地，引起新的混亂。果如上分析，正在張郃進退兩難之際，曹操到了前線，審時度勢，下了退兵命令，全軍順利撤回。這裏曹操授權有三點可稱道：(1) 是授得果斷；(2) 是授得適度（只限於斬殺違令士兵，穩定局勢）；(3) 是收回及時（曹操親去前線指揮，授與張郃的假節權自然無效了）。這三點，掌握得從容不迫，有板有眼，一場大亂的危險轉眼之間排除了。

曹操的孫子魏明帝曹睿，繼承了其祖父的衣缽，在用人授權上也有一套辦法。西元二二八年，諸葛亮經過充分準備，大舉北伐。消息傳來，魏國震驚。經過反覆比較，曹睿決定讓張郃掛帥抗蜀。蜀國的統帥是大名鼎鼎的諸葛亮，魏國既要以張郃為帥，就要進一步加大張郃的權力，提高他的威望，否則，不足以統軍與蜀抗衡。於是曹睿隆重地「加郃位特進」。

特進是一種官名，專門授於列侯中有特殊地位者，被授者有自辟僚屬的大權。「左將軍，都鄉侯」張郃，又戴上了「特進」頭銜，威名更振，督率諸軍，一呼百應。張郃發現蜀國先鋒官馬謖，在街亭做出山上紮營的錯誤決定，一聲號令，將蜀軍團團圍住，一舉取得首場戰鬥的勝利。這與諸葛亮既用馬謖，又不放心馬謖，叮嚀備至，遙控指揮，導致馬謖六神無主的做法形成了鮮明的對照。

張郃與蜀軍交戰多年，積累了豐富的經驗，特別是大破蜀軍於街亭之後，諸葛亮對張郃很頭疼，「自諸葛亮皆憚之」。照理講，魏國應當繼續實行重用張郃抗蜀的做法。可是，由於魏國的形勢發生了變化，司馬懿掌握了軍事大權，在諸葛亮三出祁山時，張郃只能以司馬統率旗下的先鋒官身分與蜀軍作戰了。司馬懿雖老謀深算，但畢竟缺少與諸葛亮作戰的實踐，用張郃為先鋒，又不聽張郃的意見，弄得張郃無能為力，在違心地追擊蜀軍的途中，中箭身亡。諸葛亮以馬謖為先鋒，不放權任使，使馬謖掉了頭；司馬懿以張郃為先鋒，多方牽制，斷送了張郃的命。一還一報，教訓至深。

3．用人以察為先，知人方可善任

曹操在用龐德、于禁的過程中，深刻地體會到了「察人之難」。

建安二十四年（西元二一九年），劉備大將關羽領兵對襄樊發動進攻。這時，曹仁在龐德的協助下駐守樊城。

關羽很快渡過漢水，想先拿下樊城。曹操得知關羽進攻樊城的消息，便派左將軍于禁率兵來支援曹仁。曹仁讓于禁和龐德率領七隊人馬在樊城以北結營屯駐，和城中互相呼應。

這時汝南太守滿寵協助曹仁守樊城，成為曹仁的參謀。滿寵建議曹仁採取堅守不戰的方針。正在雙方相持不下的時候，襄樊地區一連下了十多天大雨，漢水暴漲，溢出堤外，平地水深數丈，樊城被洪水包圍。駐守城北的于禁、龐德等七軍屯營被水淹沒，于禁等只得率領將士到高阜之處避水。關羽趁漲大水之機，安排好船隻，自己則乘坐大戰船，率領水軍猛攻曹軍，于禁被逼得無路可退，率眾投降。關羽把于禁送回江陵，關在大牢裏，將其部眾收編為自己的軍隊。龐德和部將董超、董衡等帶領一部分士兵避水到一個河堤上。關羽又率領水軍向他們圍攻，命弓箭手向河堤上射箭，龐德手下士兵死傷不少。這時龐德披著鎧甲，拿著弓箭回射，箭無虛發，關羽軍也被射死一些。董衡和董超想要投降，龐德罵他倆沒骨氣，拔劍把他倆砍死在堤上。龐德的箭用完了，便叫士兵們用短兵器進行搏鬥。從早晨一直戰到中午，身邊的將士或死或降。龐德對身邊的將士說：「我聽說良將不會為了怕死而逃命，烈士不會為了活命而失節。今天就是我死的日子了。」

最後，龐德帶著三個戰士，從蜀軍士兵手中搶了一隻小船，想逃到樊城去，不料一個浪頭襲來，把小船掀翻了。龐德掉在水裏，抱著船板漂浮著，關羽的水軍趕上來，把他活捉了。

早在曹操安排龐德對付關羽之初，曹軍之中有人議論說，龐德原為馬超部將，馬超已被劉備所重用，龐德的堂兄龐柔也在劉備處為官，龐德是不會真心同關羽作戰的。當時，龐德聽到這種議論，便表態說：「我深受國恩，立志為國捐軀。我要親自帶兵攻打關羽。今年不是我殺關羽，就是關羽殺我。」

龐德也得確像他自己所說，作戰異常勇敢，使自稱「萬人敵」的關羽吃盡了苦頭。正如羅貫忠所描寫——

「卻說關公正坐帳中，忽探馬飛報：『曹操差于禁為將，領七支精壯兵到來。前部先鋒龐德，軍前抬一木櫬，口出不遜之言，誓欲與將軍決一死戰。兵離城只三十里矣。』關公聞言，勃然變色，美髯飄動，大怒曰：『天下英雄，聞吾之名，無不畏服；龐德豎子，何敢藐視吾耶！關平一面攻打樊城，吾自去斬此匹夫，以雪吾恨！』平曰：『父親不可以泰山之重，與頑石爭高下。辱子願代父去戰龐德。』關公曰：『汝試一往，吾隨後便來接應。』關平出帳，提刀上馬，領兵來迎龐德。兩陣對圓，魏營一面皂旗上大書『南安龐德』四個白字。龐德青袍銀鎧，鋼刀白馬，立於陣前；背後五百軍兵緊隨，步卒數人肩抬木櫬而出。關平大罵龐德：『背主之賊！』龐德問部卒曰：『此何人也？』或答曰：『此關公義子關平也。』德叫曰：『吾奉魏王旨，來取汝父之首！汝乃疥癩小兒，吾不殺汝！快喚汝父來！』平大怒，縱馬舞刀，來取龐德。德橫刀來迎。戰三十合，不分勝負，兩家各歇。早有人報知關公。公大怒，令廖化去攻樊城，自己親來迎敵龐德。關平接著，言與龐德交戰，不分勝負。關公隨即橫刀出馬，大叫曰：『關雲長在此，龐德何不早來受死！』鼓聲響處，龐德出馬曰：『吾奉魏王旨，特來取汝首！恐汝不信，備櫬在此。汝若怕死，早下馬受降！』關公大罵曰：『量汝一匹夫，亦何能為！可惜我青龍刀斬汝鼠賊！』縱馬舞刀，來取龐德。德輪刀來迎。二將戰有百餘合，精神倍長。兩軍各看得癡呆了。魏軍恐龐德有失，急令鳴金收軍。關平恐父年老，亦急鳴金。二將各退。龐德歸寨，對眾曰：『人言關公英雄，今日方信也。』正言間，于禁至。相見畢，禁曰：『聞將軍戰關公，百合之上，未得便宜，何不且退軍避之？』德奮然曰：『魏王命將軍為大將，何太弱也？吾來日與關某共決一死，誓不退避！』禁不敢阻而回。

卻說關公回寨，謂關平曰：『龐德刀法慣熟，真吾敵手。』平曰：『俗云初生之犢不懼虎，父親縱然斬了此人，只是西羌一小卒耳；倘有疏虞，非所以重伯父之託也。』關公曰：『吾不殺此人，何以雪恨？吾意已決，再勿多言！』次日，上馬引兵前進。龐德亦引兵來迎。兩陣對圓，二將齊出，更不打話，出馬交鋒。鬥至五十餘合，龐德撥回馬，拖刀而走。關公隨後追趕。關平恐有疏失，亦隨後趕去。關公口中大罵：『龐賊！

欲使拖刀計，吾豈懼汝？』原來龐德虛作拖刀勢，卻把刀就鞍轎掛住，偷拽雕弓，搭上箭，射將來。關平眼快，見龐德拽弓，大叫：『賊將休放冷箭！』關公急睜眼看時，弓弦響處，箭早到來；躲閃不及，正中左臂。關平馬到，救父回營。龐德勒回馬輪刀趕來，忽聽得本營鑼聲大震。德恐後軍有失，急勒馬回。原來于禁見龐德射中關公，恐他成了大功，滅己威風，故鳴金收軍。龐德回馬，問：『何故鳴金？』于禁曰：『魏王有戒：關公智勇雙全。他雖中箭，只恐有詐，故鳴金收軍。』德曰：『若不收軍，吾已斬了此人也。』禁曰：『緊行無好步，當緩圖之。』龐德不知于禁之意，只懊悔不已。卻說關公回營，拔了箭頭。幸得箭射不深，用金瘡藥敷之。關公痛恨龐德，謂眾將曰：『吾誓報此一箭之仇！』」

于禁與龐德誰是英雄已生動地展現。龐德死得更是英勇。

當關羽將士把龐德押來後，龐德立而不跪，關羽勸他投降說：「你哥哥在漢中，我想讓你做將帥，為什麼不早點投降呢？」龐德大罵說：「小子，說什麼投降！魏王帶兵百萬，威震天下。你們的主人劉備，只不過是個庸才，怎麼能和魏王匹敵呢？我寧肯做國家的鬼，也不願做你們的將軍。」關羽只好下令把龐德殺了。

曹操得知于禁投降、龐德寧死不屈的消息，感歎地說：「我信用于禁三十年，怎麼也沒想到面臨危險時，他的表現還不如龐德！」於是曹操封龐德的兩個兒子為列侯。

這個故事充分說明了一個道理：「試玉要燒三日滿，辨才需待七年期。」知人不易，人不易知。知人之不易表現於三個方面：

一是人之才德有一個逐步顯露的過程。這個過程據其所處環境、社會條件和任事難易的不同雖然可長可短，但都在所難免職。竊國大盜袁世凱一八八〇年四月，投奔淮軍統領吳長慶，並與政治家張謇相識。有一次，袁、張交談，袁表示將來有機會定要報效國家，使張異常感動。不久，張即向吳長慶推薦，委派袁世凱為幫辦營務處。

一八八二年七月，朝鮮發生「壬午兵變」，清政府調吳長慶率淮軍六營赴朝平亂。在此期間，袁辦事井井有條，十分能幹，多次向張慷慨表態，稱謝不已。張也多次向吳推薦袁。終使袁世凱得以任先鋒官要職。在朝期間，袁因獲張之助而名聲大噪。袁從此而駐朝十二年之久，亦是以此為資本而平步青雲。可是張謇作夢也想不到，此後的袁世凱逐步地顯露出了賣國賊的嘴臉。當張看清袁的面目以後，遂與他翻臉斷交十餘載。可是，此時悔之已晚。

二是知人有一逐步識別的過程。「人者厚貌深情，故有貌願而益，有長若不肖，有順懷而達，有堅而縵，有緩而釬，故去就義若渴者，而去義若熱。」換名話說，有的人貌似忠厚，而行為驕橫；有的人相貌醜陋，而心地善良；有的人外貌圓順，而實為剛直；有的人看去邋遢，實則性急直率；有的人道貌岸然，忠孝節義，實則品德不端，男盜女娼。可見，「不可以一時之譽，斷其為君子；不可以一時之謗，斷其為小人」。如果不辨真偽，不識表裏，必將為奸佞所惑，漸至正直之士遠去。

三是擇人有一比較的過程。人之不同，有如其面。而一個地區或一個部門、一個單位崗位眾多，如何使每一個人各有所宜，各司其職，有一個「人擇事，事擇人」的選擇過程。如何認識各人的品德優劣，更有一個反覆比較的過程。所以，對一個人的了解並非朝夕可知，必須在實踐中逐步考察。

隋文帝楊堅之子楊廣在隋軍平服陳朝過程中，為兵馬都討大元帥，領兵所至「秋毫無犯」，對陳朝府庫資財「一無所取」。日常表現，不近聲色，體恤部屬，尊崇父皇，深得其父楊堅器重。比較其長兄太子楊勇，似乎賢智「超乎其上」，使父皇楊堅萌發了改易皇儲之意，遂廢勇立廣。楊廣被立為太子以後，聲色犬馬，無所不貪其極；調戲父妾；陰結權臣，使父皇楊堅後悔莫及，常常追思楊勇之賢，並暗暗使人召回楊勇進宮。而楊廣聞知有變，卻偽造詔書，殺父奪權，處死其兄，其本來面目暴露無遺。比較先太子楊勇之德，莫不使群臣追悔。

俗話說：「知子莫如父。」身為父親的楊堅對兩個兒子的考察比較尚且需要如此之長的時間，甚至把自己的性命也給搭了進去。所以，曹操也不必為三十多年看錯于禁而後悔了。

三、使權術，治人心，絕不能使大權旁落

——權力的爭奪是最現實、最殘酷的，對於「亂世之奸雄」的曹操來說，更是如此。為了保住手中的權力，並不斷使之擴大，必須無所不用其極。

世人通常會嚴格區分治人謀略和治人權術。在絕大多數情況下，治人謀略是一種運用得當的妙計和手段，而治人權術，是一種不光彩的詭計和手腕。而實際運用中，大多數統御者是不會加以區別的，只是像諸葛亮、李世民等人會看上去像是無意之中將兩者混在一起，一並將治人謀略與治人權術歸入正常治人攏心之道。而像曹操和朱元璋等一類人，會不加掩飾地直接贊成治人謀略和治人權術，將兩者視為統御者的治人法寶。

1．以利誘之，反客為主

任心權術中的「反客為主」是指在御人過程中，下屬採取各種手段，騙取上司的信任，逐步奪取上司的權力，最終完全取代上司。這種權術通常有四個步驟：第一步，想方設法騙取上司的信任；第二步，一步步往上爬，佔據重要位置；第三步，打著上司的

旗號，指揮他的下屬，並採取種種手段，使這些下屬逐漸投靠自己；第四步，架空上司，逼其就範，或讓他「體面」地下臺。曹操就是用這招對付車騎將軍楊奉的。

曹操決定迎獻帝，但獻帝還不是木偶，更何況獻帝周圍有許多力量左右著。這時，在朝廷當權的人物中，以車騎將軍楊奉的兵馬較強，率軍守梁縣，還有大司馬張楊率軍駐野王。董承與韓暹留在京師洛陽宿衛。他們之間雖然表面上聯合一體，實際上卻勾心鬥角，矛盾重重。曹操決定先利用與許縣臨近的楊奉，通過早已和自己友好、這時在朝廷任議郎的董昭，以自己的名義給楊奉寫信，表示願意與他合作，輔佐王室，信中說：「我仰慕將軍的義氣，願與將軍推心置腹。將軍護衛天子，歷盡千難萬險，終於回到了故都洛陽，輔佐之功，舉世無匹。如今群雄戰亂中原，四海不寧，國家安定需要群賢維護，這不是單靠一個人的力量所能支撐的。將軍可在朝內為主，我願在外為援。現在我有糧食，將軍有兵，正好有無相通，互相補充，如能生死與共，大事可成。」

這時，楊奉勢孤力薄，沒有外援，糧食實很緊張，見到信後，喜出望外。他對諸將說：「曹操在許縣，離我們很近，有兵有糧，應該依靠他。」於是他和諸將一同上表，請獻帝拜曹操為建德將軍，又遷為鎮東將軍，襲父爵位費亭侯。曹操先後寫了《上書讓封》、《上書讓費亭侯》表示推辭，獻帝不准，才又上《謝襲費亭侯表》表示接受。

這時，韓暹自恃有功，專權跋扈，恣意胡為。董承對他十分不滿，又無力對付，也在暗中召曹操進京。曹操十分高興，親自率領軍隊趕到洛陽，朝見獻帝。曹操上表請治韓暹、張楊的罪。韓暹自料敵不過曹操，逃出京城洛陽。

獻帝授給曹操節鉞，命他錄尚書事，兼司隸校尉。有了節鉞，表明曹操有了節制統領內外諸軍的權力；錄尚書事，即總領尚書台之事，表明曹操有了總管朝政的權力；兼司隸校尉，表明曹操有了監察百官維護京師地區治安的權力。這三個權力，意味著東漢朝廷的軍政大權已經集中到曹操一個人手裏，也標誌著曹操的事業取得了階段性的重大成功。時曹操為四十二歲。

曹操為了樹立權威，一方面將橫行不法的尚書馮碩、議郎侯祈、侍中壺崇除掉，以殺一儆百；一方面封衛將軍董承、輔國將軍伏完等十三人為列侯，以爭取更多人的支援。儘管如此，曹操要想鞏固自己在朝廷中的地位，真正能夠像毛玠說的那樣「奉天子以令不臣」，還要付出很大氣力。

有一次，曹操問董昭：「現在我到了洛陽，你看今後應該怎樣做？」董昭回答說：「將軍興義兵以誅暴亂，現在又入朝天子，輔佐王室，這是五霸之功。但是這裏的將領們各懷異心，未必都能服從。留在洛陽匡輔朝政，必有許多不便，最好的辦法是將天子遷到許縣去。然而，朝廷幾次遷徙，現在剛剛遷回舊都，再移動恐怕會造成麻煩，希望將軍權衡利弊，採取對策。」

曹操認為遷都許縣確實是個好辦法，但最擔心的是屯駐於梁縣的楊奉的阻撓。對此，董昭又獻計說：「楊奉勢孤少援，定願意同將軍合作。將軍遷為鎮東將軍、襲費亭侯是楊奉起的作用，應該儘快派遣使者厚厚答謝他，把他穩住。我們可以對他說：『洛陽已殘破不堪，沒有糧食，想暫時把獻帝接到魯陽去。魯陽離許縣很近，糧食供應沒有困難。』楊奉為人勇而無謀，必定不會多疑。」

曹操按董昭的意見辦了，楊奉果然信以為真。曹操便把獻帝轉移到了許縣，改年號為建安，以許（後改為許昌）為都城。獻帝任曹操為大將軍，加封武平侯。武平縣屬陳國。東漢時期，為侯者也有等級高低之分，大者為縣侯，次者為鄉侯，小者為亭侯。武平侯是縣侯，較之費亭侯算是升了兩級。

這時，楊奉才知道自己上了當，起兵想搶回獻帝，結果被曹操打敗，他的將領徐晃（字公明）也投歸了曹操。楊奉率餘部逃奔袁術那裏去了。

2．暫避鋒芒，後發制人

曹操不乏英雄氣概，但他也有退讓的時候。他迎獻帝都許昌後，並不是萬事大吉，他當時還不能「挾天子以令諸侯」。相反，曹操一時成為世人注目的人，也可以說成為眾矢之的。而曹操這時的力量並不強，與袁紹等人相比，更處於弱勢。因此曹操採取後發制人的方略，將袁紹打敗。

曹操的得勢，袁紹有些後悔，他擺出盟主的架勢，以許縣低濕、洛陽殘破為由，要求曹操將獻帝遷到鄄城，因鄄城離袁紹所據的冀州比較近，便於控制獻帝。袁紹還考慮到，鄄城是曹操的地盤，曹操容易答應。可是曹操在重大問題上不讓步，斷然拒絕袁紹這一要求，且還以獻帝的名義寫信責備袁紹：「你地大兵多，而專門樹立自己的勢力，沒看見你出師勤王，只看見你同別人互相攻伐。」袁紹無奈，只得上書表白一番。

曹操見袁紹不敢公開抗拒朝廷，便又以獻帝的名義任袁紹為太尉，封鄴侯，實際上是試探。太尉雖是「三公」之一，但位在大將軍（不常設）之下。袁紹見曹操任大將軍，自己的地位反而不如他，十分不滿，大怒道：「曹操幾次失敗，都是我救了他，現在竟然挾天子命令我來了！」拒不接受任命。

曹操感到這時的實力還不如袁紹，他不願意在這個時候跟袁紹鬧翻，決定暫時向他讓步，便把大將軍的頭銜讓給袁紹。自己任司空（也是「三公」之一），代理車騎將軍（車騎將軍只次於大將軍和驃騎將軍），以緩和同袁紹的矛盾。但由於袁紹不在許都，曹操仍然總攬著朝政。

與此同時，曹操安排和提升一些官員。以荀彧為侍中、尚書令，負責朝中具體事務，以程昱為尚書，又以他為東中郎將，領濟陰太守，都督兗州事，鞏固這一最早根據地。以滿寵為許都令、董昭為洛陽令，控制好新舊都城，以夏侯惇、夏侯淵、曹洪、曹仁、樂進、李典、呂虔、于禁、徐晃、典韋等分別為將軍、中郎將、校尉、都尉等，牢牢控制軍隊。

儘管如此，曹操還是表現得很謙恭，或者說頗有一段韜光養晦的日子。

比如楊奉薦舉曹操為鎮東將軍，襲父爵費亭侯。曹操連上《上書讓封》、《上書讓費亭侯》、《謝襲費亭侯表》等，表明他「有功不居」。在《上書讓封》中曹操說：「我掃除強暴和叛亂，平定了兗青二州，四方長官前來朝貢，皇上認為是我的功勞。從前蕭相國因為用關中來支援前線的功勞，全家都得到封賞；鄧禹因為幫助光武帝平定河北的功勞，得到了幾個城的封地。按照實際，考核功績，並不是我的功勳。我祖父中常侍費亭侯，當時只是隨從皇帝車輛，扶侍左右，既不是首要謀臣，又沒有戰功，到我已經三代都享受封爵。我聽說《易經．豫卦》上說：『利於封侯進軍。』就是說有功的人才應當進爵封侯。又《訟卦》六三爻辭說：『靠祖宗的功德吃俸祿，或者替王朝辦事有功吃俸祿。』這是說祖上有大功德，或者替王朝辦事有功的，子孫才得吃俸祿。我想陛下對我降下像天地一樣大、雲雨滋潤萬物一樣厚的恩澤，往上，記下我先輩扶侍皇帝的應盡職責，又取我在兵事上像犬馬奔走的效用，下詔獎勵，給我的榮譽實在太大，不是我這愚蠢無才的人所能擔當起的。」

在《上書讓費亭侯》中謙恭地說：「我再三思考，祖先雖有扶助皇帝的微功，但不應受到封爵，何況到我已經三代；如果記下我在關東討伐董卓的微小功勞，那都是祖宗神靈的保佑，皇上的聖德，難道是我的愚蠢鄙陋所能擔當得起的。」

在《謝襲費亭侯表》中又說：「以前大彭輔佐殷朝，昆吾幫助夏禹，功業成就以後，才對他們進行封賞。我的品德不行，統軍沒有戰績，屢次受到特殊的恩寵，下令褒獎我的功績，不到一個時辰，三次詔命先後到來。給我雙重的金印紫綬，讓我擔當一方的重任，我雖不明大義，也約略懂得自己的不夠。」

曹操深知自己還是弱者，因此對袁紹的要求儘量滿足，對朝廷的封贈表現出「力所不及」的謙恭。等到羽毛豐滿，他就大張撻伐，在所不計了。

官渡一戰，曹操徹底打敗了袁紹，但曹操還要在輿論上爭取更多的支持者，以在心理上徹底打垮袁紹。因而，曹操上書獻帝，講袁氏家族世受國恩，卻多不軌之徒，因此才舉義兵收暴殘。這是曹操善於利用輿論為自己表功的又一典型例證。曹操的上書說：

「大將軍鄴侯袁紹，以前和冀州牧韓馥，陰謀擁立前大司馬劉虞當皇帝，刻了皇帝的金印，派遣前任縣長華瑜進見劉虞，勸他稱帝說是上天的意旨。袁紹又給我寫信說：『可以建都鄴城，當有所擁戴。』他擅自鑄造了金印銀印。孝廉計吏等都到袁紹那裏去鑽營。袁紹的堂弟濟陰太守袁敘給袁紹寫信說：『現在國內喪亂敗壞，上天的意旨確實在我們袁家，神靈也有了應驗，當皇帝應在老兄身上。至於南兄（袁術），他的臣子想擁戴他當皇帝，南兄說按年紀說北兄（袁紹）大，按地位講北兄更高。便想把金璽送上，正碰上曹操的軍隊截斷了道路。』袁紹的家族世世代代受國家的厚恩，卻大逆不道，竟到了這樣的地步。我就率領兵馬，與袁紹在官渡決戰，憑藉朝廷的威望，斬了袁紹大將淳于瓊等八人的首級，便把袁紹全軍擊潰。袁紹同他兒子袁譚空身逃走，共斬敵七萬餘首級，繳獲糧食、軍械、財物等在十萬以上。」

曹操用後發制人打敗袁紹後，又以大英雄的心胸舉止，來了個惺惺惜惺惺之行動。袁紹官渡兵敗，倉皇北還，不久即憂鬱成疾。同年五月吐血而亡。

曹操攻破鄴城，即令非其將令，不得擅入袁宅。當曹操完全控制了鄴城後，做了一件常人無法理解的事，但於英雄又極富傳神色彩的事——淚祭袁紹。

他親到袁紹墓前致祭，痛陳時世艱難，生靈塗炭之苦痛，歷數他與袁紹相知相交，相約救民於水火的人生歷程，又讚歎袁紹英雄業績，但又終於人生行跡各不同云云。風吹著袁紹的墓碑，頭上有旗幡飄拂。曹操情辭激切，三軍將士既感動又莫名其妙。因為他們倆到底是敵人呀！

曹操為什麼要祭奠袁紹——一個曹操非常害怕的對手，一個最後國破家亡的敗軍之帥呢？是的，袁紹是敗了，且一敗塗地。但誰又是永恆的勝利者呢？袁紹曾經不也是一個勝利者嗎？一個赫赫然不可一世的英雄！

宋人劉敞在《題魏太祖紀》中剖白了曹操的心情，應當說甚得真意。他說：「董卓亂國，袁、曹結盟，其艱難周旋，共當禍福。這其間有患難真情。等到後來各成氣候，各人心目中又都有一個遠大的目標，於是又互不容忍，乃至相互攻擊，連兵血戰。這並不是有什麼硬是過去不、化解不了的世仇宿怨，不過彼此都要伸張自己的意氣、志願而已。到最後，勝負既明，國破家亡，曹操雖成大功，但這並不是當初他們相約時所願看到的。因而，惺惺相惜，衷心感動，自然而然傷神隕涕，這就是所謂慷慨英勇之風也，必不能為心胸狹窄、小有所成則得意揚揚，幸己成、樂人禍之輩所理解。」

又說：「且夫為天下除殘，則推之公義，感時撫往，則均之私愛，此明取天下非己義，破敵國非己怨也，其高懷卓犖，有以效其為人，固非齷齪之輩所能察也。」這裏的「推公義」、「均私愛」，可謂將曹操祭袁紹之動機心情說盡。吳、蜀彝陵之戰，也是中國歷史上著名的以弱勝強的戰例。吳、蜀兩國在力量弱小的情況下，曾共同聯合拒魏。但隨著雙方勢力的擴展，均不甘於三分天下的局面。爭奪全國統治權的鬥爭越演越烈。江陵一戰，吳奪佔了荊州，扼住了蜀漢向長江中游發展的咽喉。劉備集團以關羽復仇為藉口，發幾十萬大軍進攻吳國，欲奪回荊州，消滅東吳，因之，導致了彝陵大戰。

東吳面對強敵，採取積極防禦方針，大膽地實施戰略退卻，揮師急退五、六百里，把難以展開兵力的峽谷山地讓給蜀軍。使蜀軍顛簸在崇山峻嶺之中，從江北轉到江南，又從江南轉到江北，費時半年才脫出峽谷，士卒疲憊，處於極為不利的境地。吳軍掌握了主動，集中兵力進行決戰，贏得了勝利。

彝陵在今湖北宜昌縣境內。西元二二二年，劉備率蜀國大軍西進攻吳，連戰皆捷。進到彝陵，已入吳境五、六百里，砍伐山木，連營紮寨，打的是陣地戰。吳國都督陸遜則堅守不戰，相持七、八月。直待劉備「兵疲意沮，計不復生」，利用順風放火，攻破四十多個營寨，迫使劉備退到白帝城。

《吳書．陸遜傳》記載——諸將並曰：「攻（劉）備當在初，今乃令入五、六百里，相銜持經七、八月。其諸要害，皆以固守。擊之必無利矣。」遜曰：「備是猾虜，更嘗事多。其軍始集，思慮精專，未可幹也。今住已久，不得我便。兵疲意沮，計不復生。犄角此寇，正在今日。」乃先攻一營，不利。諸將皆曰：「空殺兵耳。」遜曰：「吾已曉破之之術。」乃敕各持一把茅，以火攻拔之。一爾勢成，通率諸軍同時俱攻。斬張南、馮習及胡王沙摩柯等首，破其四十餘營。

3．移花接木，借屍還魂

曹操雖不冒天下之大不韙，但在他臨終前的幾年，還是採取移花接木、借屍還魂的手法，一步步為兒子取代漢天下做好了所有準備。而其建立國中國的過程，更見曹操利用體制的轉換，而造就出一個新的實體政權來。

自建安元年（西元一九六年）開始，曹操一直「錄尚書事」。但他忙於打仗，遂以心腹荀彧為代尚書令。

建安九年（西元二〇四年）九月，曹操以鄴城為大本營，荀彧所負責的尚書台也遷到了鄴城。於是，尚書台完全脫離了少府，而在許都的少府只管皇室的生活起居了。尚書台官員不再隸屬於少府，實際上從建安元年即已開始，曹操以錄尚書事的身分通過尚書台來控制在許都的中央政府，荀彧只對其頂頭上司曹操負責。但是，曹操逐漸發現荀彧在政治上與自己有離心離德的傾向，遂於攻佔鄴城之後下令將尚書台也遷至鄴城，置於司空府的控制之下。

為了加強司空府的權力，曹操在太尉和司徒的人選方面也早就採取了措施，「必擇老病不任事、依違不侵權者居之」，使二公形同虛設，後來選中了楊彪和趙溫。但楊彪是袁術和袁紹的姐夫，曹操對他很不放心，一邊拉攏利用，一邊嚴密監視。趙溫看出苗頭不好，為了保住官位，向曹操獻媚，延聘曹丕為司徒府屬官。殊料曹操並不領情，而是藉機上書獻帝，指控趙溫「辟臣子弟，選舉故不以實」，罷免了他的司徒之職。這次，一向自詡精於官場門道的老官僚趙溫拍馬屁看錯了地方，結果弄巧成拙。曹操一不做二不休，又隨便找了一個藉口罷免了楊彪的太尉之職。

地位平行的三公制是曹操通往權力頂峰的障礙。為了從法制上求得獨攬朝政的保證，曹操於建安十三年六月毅然改革中央政府的體制，對重要的職官人事進行調整和改組。通過調整，曹操便名正言順地由丞相府通過尚書台來控制許都政權了。換句話說，曹操將自己的意圖由丞相府主簿司馬朗傳給代尚書令荀彧，再由荀彧傳給獻帝，最後由獻帝以詔書的形式頒發全國。

如果說曹操迎獻帝都許是他走上爭霸天下的關鍵一步，那麼，他改組中央政府，用鄴城的丞相府取代許都的中央政府，是完成代漢的組織準備。

二年以後，即建安十六年正月，出於曹操的安排，獻帝詔命曹丕為五官中郎將、副丞相，授權設置官署。這是一個重要的步驟。按漢儀，五官中郎將統帶五官郎護衛皇宮，隸屬於光祿勳，不置官署。曹丕置官署當然是特許，又任副丞相，丞相府在鄴城，故他供職於鄴城。其官屬主要有：長史涼茂、邴原、吳質，文學徐幹、應瑒、蘇林，夏侯尚，司馬趙戩，門下曹郭淮，功曹常林。這當然是曹操的安排，之所以如此，是讓曹丕經受從政的鍛鍊，將大本營交給兒子，自己可以放心地帶兵出征。

形式上的一些重要變化也同時開始。十七年正月，曹操得到「贊拜不名，入朝不趨，劍履上殿」的殊榮。按規定，大臣上朝之時不准身帶任何武器，要脫去鞋子，只穿襪子；進殿之前要先接受檢查，由司儀官唱導大臣的官職和姓名；大臣進殿要一溜小跑，不能踱方步，否則將以「大不敬」治罪。現在曹操上殿可以佩劍、穿鞋、從容列班，司儀官不再直呼其姓名，而是口稱「丞相」。禮儀的特許簡化，表示曹操是漢天子最親近、最可信賴的臣子。

曹操在這種體制轉換中，用他的一套人馬取代了漢獻帝所在的中央政府，從此「政自曹出」。接下去是實際的脫胎換骨，即建立魏國，用恢復九州制的旗號使自己轄地日大，從而最後「吞併」漢家天下。

是年，曹操變更行政區劃，從與魏郡接壤的各郡、王國中分出十五個侯國和縣，以增廣魏郡。即割河內的蕩陰、朝歌、林慮三縣，東郡的衛國和頓丘、東武陽、發幹三縣，巨鹿郡的癭陶、曲周、南和、廣平、任城五縣，趙王國的襄國和邯鄲、易陽二縣，作為魏郡新的屬縣。董昭看出曹操此舉的真實意圖，與同僚計議，認為曹丞相「宜進爵國公，九錫備物，以彰殊勳」，終因荀彧暗中反對而未獲成功。

早在建安九年曹操攻佔冀州之後就曾擬議「復古置九州」，也是因荀彧的反對而作罷。十七年冬荀彧死去，曹操遂於十八年正月以獻帝的名義下詔，合併全國十四個州為九個州。

經過兩次調整後的行政區劃的突出特點是，冀州由原來的十個郡國增加到三十二個，成了地域和人口在全國都佔首位的大州，魏郡也是最大的郡。古代崇尚「九」字，「九」與「久」諧音，取「長治久安」之意。曹操在「復古」的旗號下省併州郡，擴大冀州和魏郡的轄區，其最主要的目的只有一個，即增加冀州牧的實力和為建立魏王國而未雨綢繆。

建安十八年五月，獻帝命御史大夫郗慮持節，帶著詔書至鄴城，晉封曹操為魏公，始建魏國。

獻帝在詔書裏說：「我因德運衰微，年幼即遭災禍，被人劫持，在洛陽至長安之間往返，『群兇覬覦，分裂諸夏』，高祖創立的帝業將要喪失，悲痛地默念道：列祖列宗及先朝大臣在天之靈，誰能憐憫我呀！終於感動上蒼，誕生了護衛漢朝天下的曹丞相，是曹丞相把我從苦難之中拯救出來的。」

詔書列舉了曹操的十二大功勞：討伐董卓，首先進軍；消滅黃巾軍，安定了東方；遷都許縣，恢復宗廟社稷；袁術叛逆稱帝，給予毀滅性的打擊；擒殺呂布，收降張繡；官渡一戰，痛擊「謀危社稷」的袁紹；平定河北四州，袁譚、高幹授首；遠征三郡烏桓，追殲袁尚、袁熙；出兵荊州，迫降「百城八郡」；打垮馬超，撫和戎狄；威震域外，使鮮卑等朝貢稱臣；移風易俗，勤施教化，用刑審慎，吏無苛政，百姓向善。「有定天下之功」，又有高尚的德行，「雖伊尹格於皇天，周公光於四海，方之蔑如也」。

獻帝還說為了酬答曹丞相，特以冀州的河東、河內、魏、趙、中山、常山、巨鹿、安平、甘陵、平原凡十個郡封曹操為魏公，授權在魏國任命丞相以下群卿百僚，「皆如漢初諸侯王之制」，同時重申曹操「以丞相領冀州牧如故」，並賜予以白茅包著的黑土，還有灼龜和九錫。古時，以青、赤、白、黑、黃五色代表東、南、西、北、中五個方位，魏國在北方，故賜予黑土。灼龜，指用以占卜的龜甲，諸侯憑占卜所得的方位和時日建立社稷宗廟。九錫，指天子賜予大臣的九種禮物和特殊待遇，計有：車馬，即金馬車和兵車各一輛，棗紅色公馬八匹；衣服，即公爵所用的禮服、禮帽、紅鞋；樂舞，即三面懸掛的樂器和允許享用「八佾」的舞蹈，比天子少掛一面樂器和少用二佾的舞蹈（佇列縱橫備少六個人）；朱戶，即允許住宅大門漆成紅色；納陛，即允許房屋臺階修在屋簷的下面；虎賁武士三百人做出行時的衛隊；斧、鉞表示有生殺之權；弓、矢指塗著紅漆的弓一張、箭一百支，塗著黑漆的弓十張、箭一千支，表示擁有討伐叛逆之權；香酒一蹲，玉勺一只，用以慰勞德行優異者。

曹操一再「辭讓」，獻帝不允，群臣聯名勸進，曹操「才允」。

七月，曹操在鄴城建立魏國的社稷宗廟，計五廟，僅比天子的七廟少二廟，為諸侯五廟以下的最高等級。九月，繼續擴建鄴城。因所賜九錫中有金虎符第一至第五，遂於銅雀臺之南新修了一座金虎臺。十月，分魏郡為東、西兩部，各以常林、陳矯為都尉。

十一月，開始設置魏國尚書、侍中、六卿。具體人選為：尚書令荀攸，僕射涼茂，吏部尚書毛玠，左民尚書崔琰，客曹尚書由常林兼任，五兵尚書徐奕，度支尚書何夔，侍中有王粲、杜襲、衛覬、和洽，六卿有大理鍾繇、大司農王修、郎中令兼御史大夫袁渙、少府謝渙和萬潛、御史中丞陳群。後來又增加三卿，與天子屬下的九卿相一致。

至此，曹操大體上完成了「脫胎換骨」的過程，漢朝已剩下一個空殼，以魏代漢只是時間而已。但曹操仍打著漢家臣子的旗號，加緊從形式上一步步逼近天子寶座。

4・金箭射鹿，測試人心

「天時不如地利，地利不如人和」是說「人和」的重要，要成就一代霸王之業，人心的向背十分重要。秦併六國統一天下，可謂是兵精糧足，但陳勝振臂一呼，揭竿而起，不到三年強秦瓦解。主要原因是秦失人心，失道寡助。

漢末能夠最終成就一方霸業的曹操、劉備等都是比較能夠愛民重民，贏得民心的。只有這樣，才能樹立自己的良好形象，博得眾人的支援和幫助。

呂布襲擊劉備，奪佔了下邳，劉備來投奔曹公。程昱對曹公說：「我看劉備有雄才大略，又深得人心，終究不會甘居人下，不如早點將他除掉。」曹公說：「現在正是收攬英雄豪傑的時候，殺死一個人就會失去天下人的心，不可這樣做。」

如此看來，曹操的所作所為，是非常注重人心的。《三國演義》據此演繹出了「曹操射鹿測眾心」的故事，反映出了曹操在治人攏心上的高超權術。

曹操挾漢獻帝到許以後，勢力日漸強大，謀士程昱勸曹操說：「現在您盛名在外，為何不乘機行使王霸大業？」曹操說：「朝廷的大臣還很多，不可輕舉妄動。我想請天子出去打獵，看看動靜如何。」於是，曹操揀選良馬、名鷹、俊犬、弓箭，先聚兵在城外，然後進宮請獻帝出去打獵。

獻帝說：「打獵恐怕不符合王道吧！」曹操說：「古代的帝王，一年四季都要按時狩獵，以向天下顯示威武。現在天下紛爭的時候，更應該藉田獵用以講武。」獻帝無奈只得跟隨去了。

曹操騎著爪黃飛電馬，率十萬之眾，與獻帝在許田狩獵。軍士排開圍場，周圍有三百餘里。曹操與獻帝並馬前進，只超過一個馬頭；背後都是曹操的心腹將校；其他文武百官都遠遠跟隨，沒有敢靠近的。

正在行進期間，轉過一個土坡，忽然看見荊棘叢中跑出一隻大鹿。獻帝連射三箭，沒有射中。回過頭來對曹操說：「丞相射吧。」曹操向獻帝要來了寶雕弓、金鈚箭，弓拉滿弦，「嗖」的一聲射去，正中鹿背，大鹿應聲倒下。群臣將校見是金鈚箭射中的，都以為是獻帝射的。於是都歡呼雀躍，向獻帝高呼「萬歲」。這時，曹操縱馬直出，遮在獻帝前面，接受歡呼，眾臣皆大驚失色。

據《三國志》記載，董卓之亂以後的東漢王朝名存實亡，建安元年（七元一九六年）曹操正駐兵許城（今河南許昌東北），召集部下謀士，想把漢獻帝迎過來。荀彧勸告曹操，從前晉文公發兵把周襄王送回洛邑，成為霸主；漢高祖為義帝發喪，天下人都向著他。將軍如果把獻帝迎來，這正是順從人們的願望。曹操聽了，覺得很有道理，就把漢獻帝迎到了許。這樣，曹操「挾天子以令諸侯」在政治上取得了優勢。這個故事就發生在此之後。

但是，追查《三國志》一書，並沒有曹操「許田打圍」一事，本故事是由羅貫中虛構出來的。

羅貫中在演義這個故事時，大約受到了趙高「指鹿為馬」故事的啟示。趙高除掉李斯後，升任丞相，但他還有野心想做皇帝。據《史記．秦始皇本紀》記載：「趙高欲為亂，恐群臣不聽，乃設先驗，持鹿獻於二世，曰：『馬也。』二世笑曰：『丞相誤耶？謂鹿為馬。』問左右，左右或默，或言馬以阿順趙高。或言鹿者，高因陰中諸言鹿者以法。」

由此可知，趙高之所以指鹿為馬，為的是測試人心，預演篡權之戲。而曹操迎漢獻帝到許，其目的在於圖霸天下，羅貫中根據「指鹿為馬」的典故，演義出曹操許田打圍的故事，也便順理成章了。曹操藉田獵以樹立個人威信，測探眾人之心，足見曹操智謀過人之處。

毛宗崗在《讀三國志法》中稱曹操為「古今來第一奇人」，奇就奇在他能夠審時度勢，有時「似乎忠」、「似乎順」、「似乎寬」、「似乎義」，「智足以攬人才而欺天下」，無人可比。

5．巧妙掩飾，釜底抽薪

奉天子以令不臣，不僅是曹操霸術王道的特點，同時奉天子又以王道來折磨皇帝，這也幾乎是曹操前無古人、後啟來者的做法。這就是曹操以至高無上的威權不斷打擊、削弱劉漢王朝，然而又處處打著忠君愛國的旗號。

曹操打擊、削弱漢王朝，大抵做了三個方面的事情——

一、是削除劉姓藩王。建安十一年（西元二〇六年），曹操下令削除齊王、北海王、阜陵王、下邳王、常山王、甘陵王、濟陰王、平原王的封國。後又取消琅琊王國，並處死琅琊王劉熙。削除劉姓王國，即意味著削弱劉姓王朝實力，進一步孤立漢獻帝。在建安十七年曹操雖封了幾個劉姓王，那實際是為自己當王做鋪墊，所謂「將欲奪之，必先予之」。

二、是不斷尋釁處死獻帝身邊的人，使獻帝成為真正的「孤家寡人」和永遠不得宣判的在押犯。曹操這樣做，完全像一隻抓著老鼠的貓，牠不吃掉老鼠，也不放掉牠。只是獻帝不是鼠，曹操也不是貓，他們都是人。爭權奪利是人性的優點，也是人性的弱點，有所表現可以理解。但曹操做得太過、太絕，不僅失去人臣之節，也失去做人之道，這也是曹操為大奸大雄的一大特徵。

三、是監視獻帝。獻帝到許都不久，曹操以保護獻帝的名義，派七百精兵常年守衛皇宮。這些兵士全是曹操用心挑選，特別屬意的親朋故舊，他們實際執行著監視獻帝的使命。就是這些人的監視，趙彥僅僅出於同情，和獻帝談了些有關時局的話，很快被曹操設罪處死。殺趙彥當然只是殺獻帝身邊人的開頭，開了頭就接二連三。這情景使獻帝非常害怕，逼得獻帝不得不對曹操說：「卿倘能輔佐我，就望對我厚道些；要是不願，就請開恩放了我！」

對於曹操的控制，獻帝也是盡力尋機反抗的。建安四年發生了「衣帶詔」事件，《三國演義》把這段權力鬥爭描寫的驚心動魄——

「卻說獻帝回宮，泣謂伏皇后曰：『朕自即位以來，奸雄並起：先受董卓之殃，後遭傕、汜之亂。常人未受之苦，吾與汝當之。後得曹操，以為社稷之臣；不意專國弄權，擅作威福。朕每見之，背若芒刺。今日在圍場上，身迎呼賀，無禮已極！早晚必有異謀，吾夫婦不知死所也！』伏皇后曰：『滿朝公卿，俱食漢祿，竟無一人能救國難乎？』言未畢，忽一人自外而入曰：『帝、后休憂。吾舉一人，可除國害。』帝視之，乃伏皇后之父伏完也。帝掩淚問曰：『皇丈亦知操賊之專橫乎？』完曰：『許田射鹿之事，誰不見之？但滿朝之中，非操宗族，則其門下。若非國戚，誰肯盡忠討賊？老臣無權，難行此事。車騎將軍國舅董承可託也。』帝曰：『董國舅多赴國難，朕躬素知；可宣入內，共議大事。』完曰：『陛下左右皆操賊心腹，倘事洩，為禍不深。』帝曰：『然則奈何？』完曰：『臣有一計：陛下可以製衣一領，取玉帶一條，密賜董承；卻於帶襯內縫一密詔以賜之，令到家見詔，可以晝夜劃策，神鬼不覺矣。』帝然之，伏完辭出。

帝乃自作一密詔，咬破指尖，以血寫之，暗令伏皇后縫於玉帶紫錦襯內，卻自穿錦袍，自繫此帶，令內史宣董承入。承見帝禮畢，帝曰：『朕夜來與后說霸河之苦，念國舅大功，故特宣入慰勞。』承頓首謝。帝引承出殿，到太廟，轉上功臣閣內。帝焚香禮畢，引承觀畫像。中間畫漢高祖容像。帝曰：『吾高祖皇帝起身何地？如何創業？』承大驚曰：『陛下戲臣耳。聖祖之事，何為不知？高皇帝起自泗上亭長，提三尺劍，斬蛇起義，縱橫四海，三載亡秦，五年滅楚：遂有天下，立萬世之基業。』帝曰：『祖宗如此英雄，子孫如此懦弱，豈不可歎！』因指左右二輔之像曰：『此二人非留侯張良、酇侯蕭何耶？』承曰：『然也。高祖開基創業，實賴二人之力。』帝回顧左右較遠，乃密謂承曰：『卿亦當如此二人立於朕側。』承曰：『臣無寸功，何以當此？』帝曰：『朕想卿西都救駕之功，未嘗少忘，無可為賜。』因指所著袍帶曰：『卿當衣朕此袍，繫朕此帶，常如在朕左右也。』承頓首謝。帝解袍帶賜承，密語曰：『卿歸可細觀之，勿負朕意。』承會意，穿袍繫帶，辭帝下閣。

早有人報知曹操曰：『帝與董承登功臣閣說話。』操即入朝來看。董承出閣，才過宮門，恰遇操來；急無躲避處，只得立於路側施禮。操問曰：『國舅何來？』承曰：『適蒙天子宣召，賜以錦袍玉帶。』操問曰：『何故見賜？』承曰：『因念某舊日西都救駕之功，故有此賜。』操曰：『解帶我看。』承心知衣帶中必有密詔，恐操看破，遲延不解。操叱左右：『急解下來！』看了半晌，笑曰：『果然是條好玉帶！再脫下錦袍來借看。』承心中畏懼，不敢不從，遂脫袍獻上。操親自以手提起，對日影中細細詳看。看畢，自己穿在身上，繫了玉帶，回顧左右曰：『長短如何？』左右稱美。操謂承曰：『國舅即以此袍帶轉賜予吾，何如？』承告曰：『君恩所賜，不敢轉贈；容某別製奉獻。』操曰：『國舅受此衣帶，莫非其中有謀乎？』承驚曰：『某焉敢？丞相如要，便當留下。』操曰：『公受君賜，吾何相奪？聊為戲耳。』遂脫袍帶還承。

承辭操歸家，至夜獨坐書院中，將袍仔細反覆看了，並無一物。承思曰：『天子賜我袍帶，命我細觀，必非無意；今不見甚蹤跡，何也？』隨又取玉帶檢看，乃白玉玲瓏，碾成小龍穿花，背用紫錦為襯，縫綴端整，亦並無一物，承心疑，放於桌上，反覆尋之。良久，倦甚。正欲伏几而寢，忽然燈花落於帶上，燒著背襯。承驚拭之，已燒破一處，微露素絹，隱見血跡。急取刀拆開視之，乃天子手書血字密詔也。詔曰：『朕聞人倫之大，父子為先；尊卑之殊，君臣為重。近日操賊弄權，欺壓君父；結連黨伍，敗壞朝綱；敕賞封罰，不由朕主。朕夙夜憂思，恐天下將危。卿乃國之大臣，朕之至戚，當念高帝創業之艱難，糾合忠義兩全之烈士，殄滅奸黨，復安社稷，祖宗幸甚！破指灑血，書詔付卿，再四慎之，勿負朕意！建安四年春三月詔。』董承覽畢，涕淚交流，一夜寢不能寐。晨起，復至書院中，將詔再三觀看，無計可施。乃放詔於几上，沉思滅操之計。忖量未定，隱几而臥。

忽侍郎王子服至。門吏知子服與董承交厚，不敢攔阻，竟入書院。見承伏几不醒，袖底壓著素絹，微露『朕』字。子服疑之，默取看畢，藏於袖中，呼承曰：『國舅好自在！虧你如何睡得著！』承驚覺，不見詔書，魂不附體，手腳慌亂。子服曰：『汝欲殺曹公！吾當出首。』承泣告曰：『若兄如此，漢室休矣！』子服曰：『吾戲耳。吾祖宗世食漢祿，豈無忠心？願助兄一臂之力，共誅國賊。』承曰：『兄有此心，國之大幸！』子服曰：『當於密室同立義狀，各捨三族，以報漢君。』承大喜，取白絹一幅，先書名畫字。子服亦即書名畫字。書畢，子服曰：『將軍吳子蘭，與吾至厚，可與同謀。』承曰：『滿朝大臣，惟有長水校尉种輯、議郎吳碩是吾心腹，必能與我同事。』正商議間，家僮入報种輯、吳碩來探。承曰：『此天助我也！』教子服暫避於屏後。承接二人入書院坐定，茶畢，輯曰：『許田射獵之事，君亦懷恨乎？』承曰：『雖懷恨，無可奈何。』碩曰：『吾誓殺此賊，恨無助我者耳！』輯曰：『為國除害，雖死無怨！』王子服從屏後出曰：『汝二人欲殺曹丞相！我當出首，董國舅便是證見。』种輯怒曰：『忠臣不怕死！吾等死做漢鬼，強似你阿附國賊！』承笑曰：『吾等正為此事欲見二公。王侍郎之言乃戲耳。』便於袖中取出詔來與二人看。二人讀詔，揮淚不止。承遂請書名。子服曰：『二公在此少待，吾去請吳子蘭來。』子服去不多時，即同子蘭至，與眾相見，亦書名畢。承邀於後堂會飲。忽報西涼太守馬騰相探。承曰：『只推我病，不能接見。』門吏回報。騰大怒曰：『我夜來在東華門外，親見他錦袍玉帶而出，何故推病耶！吾非無事而來，奈何拒我！』門吏入報，備言騰怒。承起曰：『諸公少待，暫容承出。』隨即出廳延接。禮畢坐定，騰曰：『騰入覲將還，故來相辭，何見拒也？』承曰：『賤軀暴疾，有失迎候，罪甚！』騰曰：『面帶春色，未見病容。』承無言可答。騰拂袖便起，嗟歎下階曰：『皆非救國之人也！』承感其言，挽留之，問曰：『公謂何人非救國之人？』騰曰：『許田射獵之事，吾尚氣滿胸膛；公乃國之至戚，猶自囿於酒色，而不思討賊，安得為皇家救難扶災之人乎！』承恐其詐，佯驚曰：『曹丞相乃國之大臣，朝廷所倚賴，公何出此言？』騰大怒曰：『汝尚以曹賊為好人耶？』承曰：『耳目甚近，請公低聲。』騰曰：『貪生怕死之徒，不足以論大事！』說罷又欲起身。承知騰忠義，乃曰：『公且息怒。某請公看一物。』遂邀騰入書院，取詔示之。騰讀畢，毛髮倒豎，咬齒嚼唇，滿口流血，謂承曰：『公若有舉動，吾即統西涼兵為外應。』承請騰與諸公相見，取出義狀，教騰書名。騰乃取酒歃血為盟曰：『吾等誓死不負所約！』指坐上五人言曰：『若得十人，大事諧矣。』承曰：『忠義之士，不可多得。若所與非人，則反相害矣。』騰教取《鴛行鷺序簿》來檢看。檢到劉氏宗族，乃拍手言曰：『何不共此人商議？』眾皆問何人。馬騰不慌不忙，說出那人來。」

就這樣劉備也被牽了進去。可是這事情敗露了。董承被殺三族，其女兒董貴人正懷身孕，一任獻帝之求，曹操還是把她殺了。馬騰和劉備逃走，其餘人大部被殺。可見，一方面這場鬥爭還是相當殘烈的，另一方面，說明上文提到的「金箭射鹿」之計還是有成效的，一下就試出了一批反曹的勢力。

「衣帶詔」事件發生十幾年後，獻帝的伏皇后和其父親屯騎校尉伏完為獻帝獻計之事敗露，此時伏完已病死。可是，曹操仍立即下《策收伏后令》，將躲在夾牆中的伏后拖出，置於暴室，幽閉而死。

曹操無所不用其極的手段打擊獻帝及其王室的反抗，哪怕是一點苗頭，極其微弱，曹操都如臨大敵一般待之。他做得如此堅決，心如鐵石，但他又絕不想背上壞名聲。不僅如此，正如前面說的，他還儘量把自己打扮成一個忠良臣子的模樣。比如他在《策收伏后令》中說伏后既無高貴出身，又無德貌才情。不僅如此，還包藏禍心，陰懷妒害。這樣的女人如何承命、奉祖宗、母儀天下！好像曹操處置伏后，完全是為了獻帝的天下。

他還常說：「所以勤勤懇懇敘心腹者，見周公有《金滕》之書以自明，恐人不信之故。」曹操如此宣揚自己的王道忠仁，實際效果如何，人皆知之。但其人施暴行之時，一刻不忘粉飾自己，並藉助其文采才情，說得尤其動人。

現代運用技巧：當其位，善其職，有多大勁使多大力

——有才而不能用等於無才，能因事擇人、因人器使，則天下無不可用之才。

古人說：「人非有才之難，而善用其才之難。天下多才，在所用之。」曹操能在眾

多打著愛才惜才的實力派人物中脫穎而出，就在於他善於發揮任心術的威力，使他的屬下人盡其才。這方面對當今社會的領導者們是有非常強的現實意義。

◎技巧一：因事擇人，使人適其事

因事擇人，使人適其事這一技巧是為了謀求人與事之間的有效配合，它是人盡其才的重要前提，是提高工作效率，確保事業成功的必要條件。

第一，能當其位。

古人曰：「君子所審者三，一曰德不當其位；二曰功不當其祿；三曰能不當其官，此三者乃治亂之原也。」可見，能當其位是任心術的重要原則，是因事擇人的首要前提。為此：

首先，授任必求其當。「用人必考其終，授任必求其當。」這裏所指之「當」必須注意兩個方面，(1)為用人適位。事各有不同，人各有所長，任人之要，必使人之長適於事之需，方能使事業得人。有一次，武則天問狄仁傑：「朕欲得一賢士，你看誰行呢？」狄仁傑說；「不知陛下需要什麼樣的人才？」武則天說：「朕欲用將相之才。」狄說：「文學之士藉，還有蘇味道、李嶠，都可以選用，如果要選用卓犖奇才，荊州長史張柬之是大才，可以任用。」武則天於是擢升張柬之為洛州司馬。過了幾天，武則天又問賢，狄說：「臣已推薦張柬之，怎麼還沒有任用？」武說：「朕已經提拔他任洛州司馬！」狄仁傑說：「臣向陛下推薦的是宰相之才，不是司馬之才。」武則天於是又把張柬之升遷為侍郎，後來又任用他為宰相。就選賢而論，不能說武則天無任人惟賢之德，但是，就能當其位而言，武則天則無任人之明瞭，而恰恰在這點上，狄仁傑卻有其高明之處，即宰相之才不可任司馬。(2)為「製器必用良工」。同為「勝任」，亦有區別。有的僅為「完成任務」；而有的卻「卓有成效」，還有的甚至「很有創見」。人們所希望的當然是後兩種。而要達此要求，非得「良工」不可，即非得精於此道而具高超技能者不可。做到上述兩個方面，必須做好兩項工作，那就是：職業分析和因崗選人。所謂職業分析，是指對每一種職業所需能力的種類和分量及其氣質特點進行鑒別並做出明確的規定。而因崗選人。則是在職業分析或崗位分析的基礎上，制定各崗位人員的選聘標準，並以此選人。選聘標準包括個人品德、專業水平、文化程度、性格、能力、經歷、年齡、健康等方面。不同的崗位採取不同的任用形式，或選任、或委任、或聘任、或考任，從而選拔出所需人員，以適應工作需要。

其次，避免「功能過剩」。能當其位，既要考慮勝任其職的問題，也要防止「功能過剩」，即避免「大才小用」。因為，「大才小用」必然造成一個人能力的部分浪費，必然造成「高位」無才和「低位」人才堆積的情況，必然挫傷人才的積極性，使其「騎驢找馬」，另圖高就，難安其心。避免功能過剩。

1．**任人標準不可太高**。任人標準超過實際需要而定得太高，必然使人望而卻步，必然使人們對職業估價太高，這固然對一部分進取心、事業心較強的人來說是一種「帶挑戰性」的有趣工作，但一旦就職，發現其「輕而易舉」、毫無進取，可能則必然另圖他就。

2．**任人標準不可過分武斷，應帶有一定的「彈性」**。因為，過分武斷易使人增加壓迫感，尤其是一些對自己估價不足者，更是望而生畏。正確的做法，應是把任人標準據事之所需，分為必要條件和參考條件兩種，在備選人員較多的情況下，必要條件可高一些，反之，則可低一些。

3．**取消一切不必要的標準**。添加不必要的條件和標準，在客觀上縮小了備選人員範圍，增加任人難度，實為畫蛇添足，多此一舉。例如，要求一位電工具有較強的口頭表達能力，恐無必要。

最後，應考慮負面條件。能當其位，除應考慮其與事之所需相適應的條件以外，還應考慮其負面條件。所謂負面條件，即指與某種職業特點不相適應的條件。比如，某件工作中若附帶不少額外的冗煩細節，就不能僱傭一名很有創意的人，如果這件工作還必須長時間接聽一些抱怨性質的電話，就不能僱傭一個脾氣火爆的人。

工作負面條件的產生，常常是由其自身特點決定的，例如，市長工作稍有失誤，就容易遭受市民的指責甚至責罵。也有的是由其所扮角色衝突造成的。比如，一個地質勘探隊員，同時，他又是一個孩子的爸爸、一個妻子的丈夫，這三個角色之間的衝突就暴露了地質勘探工作的負面條件，即長年在外而不及對孩子的教育和對妻子的撫愛。任何工作都有其負面條件，無一可免。從行政領導工作來說，既有需要較強的組織能力、管理水平及聯繫人民群眾的作風以外，也有其易於浮誇、易於腐敗等負面特點；從軍事幹部來說，既需較強的指揮能力、果敢精神和剛勇之氣以外，也有其傷亡可能性大、長年服役在外等負面特點等等。所以，因事擇人，如果把事情考慮得過分樂觀，即使所擇之人符合了事情的正面條件的要求，也有為負面條件所斥退的可能。

第二，不用餘人。

因事擇人的一個重要原則，就是不用餘人。因為事之有限，必然要求用人有限，即使是事業發展，用人增加，也毋需無限增加，就用人數量而言，其增長水平，一般來說只能是低於事業發展水平。

首先，「官」在得人，不在員多。唐太宗李世民，任人一貫堅持「官在得人，不在員多」的方針，他常告誡群臣「選用精明強幹的官員，數量雖少，效率卻很高，如果讓唯唯諾諾的無能之輩佔居高位，數量再多，也是人浮於事」。他責成房玄齡負責調整規劃三十個縣的行政區域，減去冗員。唐太宗還親自督促削減中央政府機構，把中央文武官員從兩千多人削減為六百四十三人，他還提倡對年邁體弱的官員給予妥善的安排和榮譽，使他們樂於讓賢，讓更多年輕有為、辦事幹練的人有機會為國效勞。既然，「官在得人，不在員多」，那麼為什麼歷史上某些朝代，當今一些部門和單位仍然冗員眾多，人員濫任呢？原因不外五點：(1) 是缺乏一套嚴格有效的管理制度、法規和約束機制，即或有之，也因缺乏配套措施而無法執行，有的甚至無人過問。(2) 是副職設置太多。由於分工太細，各領一行，而致有一方面工作即設一方面副職分管，結果是一正三副、四副，乃至七副、八副，而且只增不減。(3) 是機構小而全。上有部門，下面必有所設，以示對應、重視，結果，一個企業即是一個小政府，其機構之繁，不亞於「省、市、自治區」。(4) 是新舊交替不正常。該退的退不下，該上的還要上，新舊重複、職務重複、機構重複十分嚴重。有的機關單位，佔居職位而不正常工作的幾近半數。(5) 是能上不能下，終身為仕思想的影響。雖然人們常常齊唱「能者上，庸者下」的高調，但是由於「終身為仕」的封建意識的存在，由於少數裙帶關係的作用，由於對「關心人、愛護人」的歪曲理解，由於「多栽花少栽刺」的心理效應，造成在許多情況下能者、庸者齊上的狀態，有的甚至出現「庸者上，能者下；親者上，疏者下；順我者上，逆我者下；犯錯誤者上，無錯誤者下」的極不正常、極不合理的情況。所以，要得人員精幹，必得完善用人管理制度，尤其是嚴格控制定員、嚴格精減機構，強制推行「能者上，庸者下」的制度。

其次，人多未必好辦事。有人說「油多不壞菜」、「人多好辦事」。其實，此話大為偏頗。「一個和尚擔水吃，二個和尚抬水吃，三個和尚沒水吃。」人多事少，必致責任不清，職責不明，甚至無人問事。而且，增添一人、一個機構，就增添一層關係、一個「故障」因素、一組矛盾，必然造成管理層次過多，管理幅度過大，降低工作效率。餘人閒置，無事生非，使忙者不安，積極性受抑，逐步形成「比閒不比忙，比錢不比事，比數不比效」的不良風氣。正如宋朝包拯所言：「若任而不擇，擇而不精，非不能為治，抑所以為害矣。」

那麼，面對餘人過多的既成事實如何處理呢？第一，必須具體分析餘人過多的原因、餘人分佈及餘人類別，然後據其不同情況區別處理，對年老者可勸其退休，對體弱者可勸其退職，對中青年人員可分期組織進修，提高業務水平，對不稱職者可免職、降職，力求因事而置，不多用一人。然後對精減餘人要有決心、有措施，並長期堅持，永不「破例」。第二，戒除任人問題上的各種不正之風，奉行「有能則舉之，無能則下之」的用人原則。北宋時，有許多八、九十歲的老人佔居高位，不願退位。為此，當時身為監察御史的包拯給仁宗上了《論百歲致仕》的奏章，建議對那些年老而不願退位的人，應由御史台監察勸其退位，並給以適當安排。對那些年老不能治事而又貪戀官位的大臣，更要毫不猶豫地責其退位。有個叫張若谷的大臣，年過八十，身兼數職，不願退位。包拯就上奏皇帝彈劾張若谷，說：「龍圖閣直學士、兵部侍郎、知洪州張若谷，年逾八旬，眼花耳聾，仍不自請致仕，人之寡廉，一至於是！臣欲奏明皇上，促其致仕。」在包拯的呼籲下，皇上終於讓張若谷告老還鄉。

第三，任人惟賢。

「任人惟賢」之調在中國已高唱數千年之久，然而，任人惟親者從古到今卻屢見不鮮，比比皆是。究其原因，或為權、利所需，或為見識淺陋，或為制度不明。然而，此三者之弊，至今猶存，因此，奉行「任人惟賢」之教，戒除「任人惟親」之弊，實為長遠之要務。

首先，擯除陋見。任人惟賢雖為大多數人所共識，但施之於實際卻常常為一些陋見、陋習所左右。具體表現為：

1．**論資排輩。**即指以資歷、資格作為任用人員的惟一依據，它是數千年封建社會因襲相承的人事管理制度的陋習之一；它是封建統治者維護等級，講究門第，操縱特權的精神支柱。它對合理用人乃至事業發展造成了極大危害。它使人不思進取，消極工作，惟累資待遷是望；它使同輩並頭，同資並進，因而「一官而數人居之，一事而數人治之」。每遇難事，皆不向前，每論大事，資淺者說：「奈何資格未至，嘵嘵然以自喪其官為？」資深者說：「奈何志其積累之苦，而嘵嘵然以自負其歲月為？」總之，資深、資淺，都怕因論事偏頗或失言而失其前程，如此「奄然而無有生氣者也」。尤其是，它不能為人才脫穎而出提供公平均等的機會。更可怕的是，論資排輩的做法還常常被標榜為「任人惟賢」，以惑視聽。因為，論資排輩不一定「任人惟親」，甚至是「公正無私」，平等相待，所以常常褒譽有加。其實，論資排輩與任人惟賢有著本質的區別。論資排輩是以資歷取人，「資深者上，資淺者下」；而任人惟賢是以能力取人，「能者上，庸者下」，其間毫無共同之處。

也許有人會說，資深者經驗豐富閱歷廣，正是其能力強的標誌。此話初聽，似乎有理，因為經驗確為可貴，但是細加分析，此話卻大為偏頗。且不說，資深者能否人人都能總結獲取豐富經驗，即使掌握了一些經驗，時過境遷，條件變化，也非完全適用新的情況，何況人之才能並非完全取於自身經歷，而在於刻苦學習，總結前人，結合實踐而不斷提高，因而年少資淺而出類拔萃者大有人在。

2．**等級任人**。即以品位高低依次敘進，或以地位高低選尊棄賤。依次敘進，其弊有三：(1) 堵塞進賢之路。「上一級不退，下一級不進」，不退者居官三十年，則三十年中賢士能人進身無望，可謂「一夫當關，萬夫莫開」。(2) 庸者可依序而進。庸者雖庸，但是只要不退職、不病休，日久總有依序升官之望。(3) 事之所需與人之所長不協調。依次敘進不是因事而擇，人之所長常常不能與事之所需相合，這樣必使工作失調，效率低下。當然，任人越級而拔，也不可過多，因為不經實踐鍛鍊而能勝任者畢竟少數，但是，「逐級而拔」也不應完全依次而進，而應「選」字當先，擇其優者而用，而且應「老少兼用，過選俊傑」。至於「選尊棄賤」則更是等級任人的重要表現之一，更有其歷史淵源和明顯弊病。這種按社會地位等級任人的陋習至今仍有存在，有的「優選官門」，有的「代培紈袴」，有的惡於「雜役」，因此而埋沒許多優秀人才，尤其是埋沒了大量生於「士庶百工」之門的志士能人。

3．**裙帶關係**。任人力戒裙帶關係，這本已無可置疑。但弄權謀私者有時竟也套之以「任人惟賢」的外衣。古時，弄權者常將不肖者冠之以「賢才」舉薦重用，因之而算作「任人惟賢」。今天，在市場經濟比較發達的情況下，則手法更妙，一些人堂而皇之地大搞裙帶關係，同時堂而皇之地介紹「任人惟賢」的「經驗」。其「經驗」大致有三：(1) 為「靈活用賢」。即雖其本人無才無德，但其親屬有權有勢，用其本人是假，用其有權勢的親屬是真，取得他們的支援，「事業有望」；(2)為「廣義任賢」。即雖其本人技藝不長，能力有限，其親屬也無權無勢，但其親友是名儒學者、技術權威、行家裏手，任其一親，可「換」其一技，無非等同「高價收買」，何樂不為！(3)為「協調用賢」。事業成敗，在乎各方配合，配合好壞，在乎協調關係。我解決其「一難」，其中就會包括求職之難，他必酬我一事，我若解決各方之難，各方對我方事業必予支援，事業何愁不成！這些「經驗」一旦標上了「公心」，則其價值倍增，很能惑人。殊不知，這其中正包含著典型的權權交易的裙帶關係。

4．**門戶之見**。古時曾有「文人相輕」之談。三國時曹丕《典論．論文》中就有「文人相輕，自古而然」之句。這「文人相輕」中就很有門派之爭。既然門派有爭，任人上就免不了「門戶之見」。今時也有「內外差異效應」之說，原指科技人才的科技成果。科學發現的應有社會價值，與當時社會對其評價之間的差異所產生的社會效應。「內」是指科研成果自身的價值；「外」是指社會對成果的評價。產生差異的原因雖很複雜，但大多產生於不同學派，不同宗派，不同意識形態之間的紛爭。正因如此，「內外差異」效應得到了擴大化，即不僅表現於對學術成果的評價，也使任人「內外有別」了，凡我「門」中人，不分賢愚，隨意升遷；凡是「門」外人，即使是大才也不予任用，至少不予重用。其理由是「用人當用得心應手」，否則「美好的決策得不到良好的實現」，事業何以成功！其實，宗派鬥爭無法掩蓋，拉幫結派，排斥異己又何能掩人耳目？任人基於「門戶」，豈但對事業不利，對己也必無益。上述種種陋見、陋習是「任人惟賢」之大敵，必須通過教育、制度、監督等各種得力措施逐步予以摒棄。

其次，任人迴避。迴避，是古時防止官吏徇私情的制度。這種制度的基本內容是：親屬不得在同一部門或同一地區做官，一般文職官員不得在本籍或原籍擔任職務；科舉考試時，考官子弟不得入試或另外舉行考試。實行迴避的目的是防止親屬之間的徇私舞弊。迴避的類型主要有下列幾種：

1．**親屬迴避**。親屬迴避是各種迴避中最主要的內容。它包括：(1)是血親迴避。血親是指有血緣關係的親屬，它分為直系血親和旁系血親。直系血親主要指父母、子女等；而旁系血親是指除直系親屬以外，在血緣上同出一緣的親屬。(2)是夫妻迴避。夫妻或稱配偶是男女雙方因結婚而產生的親屬關係。這種關係因是血親和姻親關係賴以發生的基礎，所以，對於夫妻的迴避在近代和現代是各國規定首先所指向的，是極其重要的迴避內容，中國也不例外。但因古代女子從政者極少，因此夫妻迴避在中國古代沒有此類規定。(3)是姻親迴避。姻親是指除配偶以外因婚姻關係而產生的親屬。(4)是擬制血親迴避。擬制血親又稱準血親，本無血緣關係，主要是基於收養關係或結拜關係而產生。在民事法律中它被規定為與自然血親有同等的權利和義務，所以擬制血親也是親屬關係的組成部分。

2．**地區迴避**。即指部分行政職務不用本籍人員擔任，尤其是一個地區的主要行政領導人、法律部門領導人以及組織人事部門領導人等。因為，本籍人員在本籍工作，雖然人熟、地熟、情況熟，但是由於長期居住，親屬關係眾多，社會關係盤根錯節，不利於對工作矛盾，尤其是對人際矛盾的處理，不利於改革舊制，開創新的局面，不利於拒受各種歪風邪氣的侵蝕，不利於顧全大局，維護國家和全局的利益。

3．**公務迴避**。是指行政機關的領導者和公務人員不得參與有關本人的任免、檔案管理與傳遞等各項業務工作，也不得指使、暗示他人施加影響，進行干預。在人員任免、調配、工資等事務中，凡涉及領導者和公務人員親屬的，其本人應主動實行迴避，不得參與或施加影響。

4．**考試迴避**。清代科舉考試時，為防止考場內官員作弊而設的制度。凡是鄉試、會試的主考、總裁、同考官的子弟，不許入場，謂之迴避。迴避之人包括本族五服以內，及親姑、姐妹之夫與子，母、妻二親兄弟子任等。殿試、朝考的閱卷官也不用新貢士的父兄。

之所以歷代，尤其是明、清以後都規定有明確的迴避制度，因其對「任人惟賢」乃至處理公務有著重要的意義。它有利於防止和克服徇情營私與「裙帶關係」等不正之風。雖然實行迴避大有益，但是做來也並非很容易。一方面迴避制度觸及許多人的利害關係，而以權謀私、「福澤」親友者大有人在。其次，一部分人以庸俗的「互相信任」代替嚴肅的迴避制度。每遇研究人事，關聯人假意聲言迴避，其他人出於「同事信任」而熱情勸留，關聯人也就順水推舟，堂而皇之地「迴」而不避了。再者，雖有迴避制度，但無配套措施，尤其是缺乏嚴格的監督、檢查和處罰。拒絕迴避怎麼辦？逃脫迴避怎麼辦？相互交換迴避對象又怎麼辦？都無明確規定。迴避雖非易事，但解決也並非無法，關鍵在乎決心。如若決心嚴格迴避制度，加強監督措施，嚴懲徇私謀職，褒獎任賢、讓賢，再輔之以日常思想、道德和法制教育則迴避制度定能令行禁止。

◎技巧二：因人器使，使各有所宜

人之才情，各不相同。三國時魏國人劉邵在《人物志．才能》中把各種人才概括為「三類」、「十二才」。「三類」即「兼德、兼才、偏才」。也就是德行高尚者、德才兼備者和才高德下者。「十二才」即所謂清節家，其道德高尚；法家，善於制定法制；術家，能機智多變；國體，其三才兼備；器能，能處理事務；臧否，能明辨是非；伎倆，能精於技藝；智意，能長於解疑；文章，可善於著述四儒學，能篤於修養；口辯，能善於應對；雄傑，其膽略過人，可委以軍兵。才既有別，當各領其用。

莊子曰：「諸侯之劍，以知勇士為鋒，以清廉士為鍔，以賢良士為脊，以忠聖士為鐔，以豪傑士為夾。」意為應根據各人之長，分擔其適宜之職。韓愈也曾說過：「……各得其宜，施以成室者，匠民之工也……較短量長，推器是適者，宰相之方也。」韓愈舉木工為例，用木時，大木為棟樑，細木則可以為椽子、斗拱、樑上短柱、門臼、門上豎短木、門閂之用。由於用其所長，各得其宜，終於做成房屋，這就是木工技巧。同理，用人也得論才而用，因人器使，方能人事兩宜，相得益彰；人盡其才，物盡其利。

第一，才無「大小」，各有所宜。

人們常論能力大小，才氣高低，其實極為片面。如果說，在同一工種或同一業務中比較技術和業務能力之高低，勉強可論，而如果在不同工種和不同業務中比較能力和才智，就不可比。讓一個數學教授去做生意，恐怕還不及一個小店員，可也不能因此而斷定教授無能；反過來，讓一個店員去給大學生們講解高等數學，恐怕也將目瞪口呆，但也不能據此而斷定其愚笨。即使在同行中也難分高低，同樣是汽車修理工，有的精於發動機，有的精於底盤，有的則精於電路，何能分出強弱？而社會各類事業對人才的需求各有所異，有的需要「學富五車」的文學才子，有的則需要專於某行的「雕蟲小技」，有的需要「滿腹韜略」的軍事專家，有的則需要指揮若定的將軍，也要鐵腕政策的治安首長。所以，「人才各有所宜，非獨大小所謂也。」

首先，欲得千里馬，先愛百里駒。世人皆愛「千里馬」，但有識之士更愛「百里駒」。這倒不是輕重倒置，而是因為「百里駒」確有許多可愛之處：

1．**「百里駒」是「千里馬」之源。**世上並無天生的「千里馬」，牠們都是從「百里駒」中「騮」出來的。從生理角度看，「千里馬」的成長有一個過程，而「百里駒」正是其最初雛形；從技能角度看，「千里馬」千里之能的發展也有一個過程，而「百里駒」的實踐努力正是其經驗之源。人才也是這樣，今日著名的學者、專家、教授等等，最初也是從昨日無名小卒中成長起來的。他們在學習和實踐的過程中，憑藉自己的刻苦和勤奮，積累了比常人更深刻的知識和更豐富的經驗，因而做出了超乎常人的貢獻和建樹。

2．**「百里駒」是事業發展的基本力量。**社會進步需要全人類的共同努力，事業發展需要全體人員的團結奮鬥，其中，「千里馬」雖然做出了重要貢獻，但大量的工作仍然必須依靠「百里駒」去完成。「好花雖美，需綠葉扶持。」同理，一些出類拔萃的賢能之士離開人民群眾的支援和努力，則將一事無成；高級技術人員離開初級技術人員及全體職工的配合工作，也將無能為力。要「百里駒」日行千里，雖是望塵莫及，而讓「千里馬」轉圈推磨，也將是疲乏無力。

3．**近處「百里駒」可取，遠處「千里馬」難尋**。「千里馬」得之雖可慶幸，但尋之卻很艱難。如果捨棄近處「百里駒」不用，而待之以「千里馬」效力，猶如待遠水以解近渴。所以，凡事應因人器使，量才而用。

4．**「百里駒」也可至以千里**。古人曰：「馬效千里，不必驥騎；人期賢知，不必孔墨。」意為欲至千里，不一定非得良馬不行，「百里駒」也未嘗不可。「百駒接力，千里可至。眾駒良馭，泰山可舉」。只要組織得法，眾「駒」出力，何愁事不成，功不立，千里不至！可見「百里駒」確有許多可愛之處，也確是力量所在，任何輕視、排斥「百里駒」的想法和做法都是毫無根據的。

其次，物盡其用，貨暢其流。孫中山先生在致李鴻章的信中曾說過：「深惟歐洲高強之本，不盡在於船堅炮利，壘國兵強，而在於人能盡其才，地能盡其利，物能盡其用，貨能暢其流。此事者，富強之大要，治國之本也。」並堅信「以中國之人民才力，而能步武泰西，參行新法，其不過二十年，必能駕歐洲而上之」。可見中山先生對人盡其才的強調和重視。用人器使的目的正是在於人盡其才，所謂工作效率，首要因素在於「人盡其力」：

1．**用人之長**。孫中山先生曾說過，如果人們「所習非所用，所用非所長」，必然「智者無以稱其職」、「巧者易以飭是非」，提出要像歐美人那樣，「無論做什麼事，都要用專門家，譬如練兵打仗要用軍事家，開辦工廠便要用工程師，對於政治也知道要用專門家」。「文學淵博者為士師，農學熟悉者為農長，工程練達者為監工，商情諳習者為商董」。只有這樣，才能人盡其才，而「人既盡其才，則百事俱舉；百事俱舉矣，則富強不及謀也」。但是，如果地不相同，而種植同一植物；能力不同，而讓其做一樣的事，職責無界，即使是智慧之士也有不盡其才、不果之事。所以，任人必因人器使、用其所長，而不能強人所難、用其所拙。

2．**擇人任勢**。即根據事業發展過程中的不同情況，擇其應變自如、臨機解決問題者而任之，也可叫「因勢擇人」。因為，有這樣一類人，他們雖無六韜三略以治軍，滿腹經綸以治政，但才思敏捷，巧言善辯，應變能力較強，常能取勝於困難之中。晏子使楚，巧答楚王，不辱使命，即是一例。但是，如果不能因勢而擇人，則不僅不能使其盡力勝任，甚至能招致失敗。

《三國演義》中記述，諸葛亮忽聞司馬懿兵近街亭，急忙之中派馬謖帶兵前往，結果馬謖不根據當時當地具體情況，面對強敵，錯誤決策，使全軍「陷之死地」，大敗而回。可見馬謖只知照搬兵書，而不知「臨機處變」，因勢決策，此錯雖在馬謖，而諸葛亮也有臨事錯擇其人之責。而實際上，馬謖並非無能之輩，在諸葛亮率軍征南之初，馬謖曾就開發西南提出過一整套極其正確的建議，特別是其「攻心為上，攻城為下；心戰為上，兵戰為下」的戰略思想，在後來的南征中起過極其重要的作用。可見，馬謖確有其長，只是諸葛亮不能因勢擇人。

最後，無用之用，無言之言。「世無廢物，人無廢人」，世間萬物皆有其用，無一為廢；芸芸眾生，皆有可用之人，無一可閒。有些人，看起來無用，實際上是人們未識其可用之處。有用無用要具體分析，各人有各人的才識，各人有各人的長短，在此種條件下，他可能顯得「無用」，而在另一種條件下，卻可能是不可缺的能手。這裏所指條件：

1．**時之不同，用之不同。**這裏所指的「時」，(1)為時機，即時機未到，待而觀望，時機一到，立露身手。(2)為時間，人之成長，有一個時間過程，時間不至，才識不熟，難以為用，而一旦時至成熟，則可能勝任愉快。(3)為時勢，太平盛世，可顯露許多治世良才，而難以發現兵戰良將；相反，紛戰亂世，可顯露許多兵戰良將，卻又較難發現治世的良才。毛遂自薦之前，不僅長期閒而無用，而且食則要魚，出則要車，其欲難足。而自薦以後，卻於急難之中立有大功，使人刮目相看，視為大才。

2．**事之不同，用之不同。**物之不同，各有其用；人之不同，各有其能。如果不據其能，而任意支使，則大多能、事不合，而顯其無用。《韓非子．楊權》篇中說：「夫物者有所宜，才者有所施，各處其宜，故上下無為。使雞司夜，令狸捕鼠，皆用其能，上乃無事。上有所長，事乃不方；矜而好能，下之所欺；辯惠好生，下因其才。上下易用，國故不治。」意為物有所宜，才有所施，只有各處其宜，才能各顯其能。而如果顛倒錯用，使雞捕鼠，令狸司夜，則必顯其無用。

3．**識之不同，用之不同**。未識其能，視為無用，而識之其能，則可能視為「大才」。而且，識其一面，僅知其一面之能；而識其全面，則知其全面之能。諸葛亮閒居隆中，躬耕隴畝，如果不為劉備所識，恐怕也不會有「三顧茅廬」。所以，正如俗話所說，要「聽其無言之言」一樣，要「識其無用之用」。

第二，較短量長，惟器是適。

既然「才無大小，各有所宜」，那麼，就應較短量長，據其「大小」，適而任之。但在實際工作中卻並非如此，常有既知其「大小」，而又隨意而用者。因而造成「大才小用」、「小才大用」，甚至錯用人才的情況。因此，任人必須按照「惟器是適」的原則，切忌下列各種情況的發生——

首先，忌「隨珠彈雀」。《莊子．讓王》中有這樣一段記載：「今且有人於此，以隨侯之珠，彈千仞之雀，世必笑之。是何也？則其所用者重，而所要者輕也。」其意在諷刺那種得不償失的做法。這種做法在任人中則稱之為「大才小用」，也即指把高能人才安在很低的職位上。「隨珠彈雀」、大才小用在現實生活中多有所見，有的把高級管理人員用以管理小事；有的把高級科技人員用以從事一般技術工作；有的把可以從事較高級腦力勞動的知識分子用以從事一般簡單操作；還有的把熟練技術工人用以從事一般體力勞動等。造成大才小用的原因，比較複雜，但在一般情況下，有的是因為用人不得其方，即如王安石所說：「雖得天下之瑰才傑智，而用之不得其方。」因而使之大才小用。有的是出於嫉賢妒能，而故意大才小用，以使其能而示之不能，賢而示之不賢，大能示為小能。有的是因為某些特定的環境和條件所致。例如，當兵少官多時，不得已而降級使用；事少人多時，不得已而「委屈」求職；貧困潦倒時，不得已而暫且棲身等。還有的是因為論資排輩等陳規陋習所致。禁忌隨珠彈雀，其一，必得認識「隨珠」之高昂價值，使其深感失之可惜，必然珍重有加。其二，必須知其所用而用之。其三，必有石子泥丸加以配合，以作小用，否則雀飛也為可惜。

其次，忌「短綆汲深」。《荀子．榮辱》言：「短綆不可以汲深井之泉。」比喻能力小，難以勝任艱巨之事，亦即「小才大用」之說。與大才小用一樣，小才大用在現實生活中也較普遍，有的學業不深，實踐不足，卻被選配為中高層領導；有的只知一崗一職，而不知數業數職，卻被委為「全面負責」；有的文化不高，而又不勤於自學，卻被聘為中、高級職稱；有的錯字連篇，句式不通，卻擔當「祕書」甚至「祕書長」之職。

如此之事，不一而足。究其原因，一是「世無英雄，遂使豎子成名」、「矮子之中選將軍」，擇其高者而用，豈知「高」者不高，仍為小才大用。二是「狐親狗友」，裙帶之下皆為「人傑」，於是小才便為「大才」，「大才」即為大用，而其內裏，實質仍為小才大用。三是醉眼朦朧，視小為「大」，嘴饞心軟，指庸為「賢」，受其賄，則許以諾，吃其請，則用其人，於是小才便得以大任。四是不識虛華，以為「滿腹經綸」；或受「高論」蒙蔽以為「才華橫溢」，加以「愛才之心，人皆有之」，便以為偶得「瑰寶」，奉若神明，委以重任。殊不知是「繡花枕頭，外表雖美，內裏卻是滿腹草包」。「短綆汲深」，小才大用，多有其弊。(1)為「蜘蛛舉鼎」，小力撐重，雖竭盡全力，心力交瘁而毫無功效，一無所獲；(2)為「以管窺天」，觀事有失偏頗，處事多有失誤，雖當大任，難成大事，即使是時日長久，在實踐中學得一、二，工作略有進步，也是以國家與集體的重大損失為代價，即所謂付之以「巨大學費」。(3)為「不才者進，則有才者之路塞」。「小才」擠了「大才」。「小才」佔據高位，而「大才」小用，甚至無所事事，如此而大小顛倒，上下紊亂，舉事皆廢。

最後，忌「駿馬力田」。除大才小用、小才大用之外，還有一忌即「用才錯位」之忌，主要表現於兩個方面：

1．**外行領導內行**，即不論其業務高低，是否對口適職，就委以重任，使之擔負重要的領導職務，結果談業務，一竅不通，談技術，更是沒門。正如《孫子》所說：「不知軍之可以進，而謂之進；不知軍之可以退，而謂之退，不知三軍之事，而同三軍之政，不知三軍之權，而同三軍之任。」此軍不敗，則世無敗事可談。

2・「所學非所用，所任非所能」

如果「亂點鴛鴦」，必致「兩敗俱傷」。世之萬物，各有其用；人之才能，各有其適，但實際上，任人隨意，不據其長者多有發生。

明人馮夢龍的《古今談概》中記述這樣一件事：吳郡人陸廬峰在京城一家商店裏看到一方石硯，該硯上面有個豆粒大的凸面，中間黑如點漆，四周密密環繞著幾千重淡黃色的暈紋，形狀恰如八哥鳥的眼睛，這乃硯中珍品。陸廬峰愛不釋手，但因囊中羞澀，賣主索價又高，遺憾中拂袖而去。返回客店，陸廬峰終不忍割愛，下決心取出一錠銀子交給門生，囑他速去買回那方石硯。門生捧著石硯歸來，卻不見其「眼」。陸廬峰認為門生買錯了。不料門生回答：「我嫌它有點凸起，便請石匠幫忙把那什麼『眼』磨平了。」陸廬峰聽罷，叫苦不疊。石硯貴在有「眼」，而「門外漢」卻視為多餘，竟致磨平，一失千金，這實在是「任非所能」之害的高妙注腳。

用才錯位的原因，亦較複雜，有的是因為領導者不善用人而又固執己見，硬要人們「姑捨汝所學而從我」，以至學用錯位；有的是因為領導者嫉賢妒能，排斥異己，故意使其「駿馬力田」、「堅車渡河」，以示冷遇；還有的是因為知人不全，知事卻又淺陋，加之組織能力較差，而致用人混亂，處事不準，多使部屬學用錯位。那麼，怎樣避免用才錯位呢？正確做法就是「因人而使，各取所長。」

春秋戰國時《逸周書．官人解》所提出的用人細則——「九用」，其大意為：公正、仁義，有智謀之人可做國家官員和地方長官；仁慈、厚道而知事理者，可做基層領導人；正直、中誠、信用者可做紀律檢察官員；公正、求實，善於鑒察者，可做法官；凡事廉潔奉公者，可做財務官員；能謹慎鑒察並廉潔公正者，可做主管分配和賞賜的官員；善於謀劃和經營事務者，可做農工、生產管理人員；善於交際並能廣泛搞好關係的人，可做外交官員；勇敢、剛毅，善於估計形勢和果斷決策者可做軍事統帥。用人如能如此精細，如此因人器使，則任用人才必無錯位之虞。

◎技巧三：用盡其才，使竭才盡能

得一物，必盡其利；得一人，亦必盡其才。如果得而不用，用而不能盡其才，等於不得。所以，古人曰：「國之不治者三：不知用賢，此其一也；雖知用賢，求不能得，此其二也；雖得賢，不能盡，此其三也。」可見，得賢而能盡其才者，是為真得賢也。但是，欲盡其才，必須精通任心之術，「無術以任人，無所任而不敗」。

第一，啟動競爭。

用人之術，當首推啟動競爭。因為，競爭能夠激起人的榮辱感、進取心，給人帶來對比的壓力、奮鬥的動力、竭力奪魁的決心。所以，有人說：「競爭是高能加速器，它能使人在碰撞中激發出難探的火花；競爭是創造之車的引擎，能使人散發出創新的異彩；競爭是催化劑，它能使各類人才加速『反應』，出現學科大繁榮；競爭是接力賽，可使各家各派同舟共濟，攀上科學峰巔；競爭是源頭活水，可使英才如不盡長江滾滾來；競爭是策馬的鞭，盪舟的槳，鼓風的帆，它將造成萬馬馳騁，百舸爭流，千帆競發的奇觀。」為此——

首先，誘發逞強好勝的欲望。一個正常的人，總有某一方面或幾方面的能力，其中有些人一旦具有某種能力，便想一試身手；而另有一些人，由於各種原因，暫時甚至永遠地「懷才不露」，這就成為一些領導者如何誘發其逞能欲望，促使其才能顯露的重要課題。誘發逞能欲望，其方法一般有兩類：(1)是物質的，(2)是精神的。物質誘導方法，即按照物質利益原則，通過獎勵、工資等杠杆，使其努力工作，積極進取；所謂「重賞之下，必有勇夫」即是其一。精神誘導的方法，也有兩種，一種是事後鼓勵，例如表彰、表揚等；再一種是事前激勵，即在完成某件工作之前，給予恰當的，有時甚至是激烈的刺激或鼓勵，使其對工作的完成產生強烈的欲望，這樣，其求勝心必為成功的意識所支配，使其樂於接受並竭盡全力地去完成。尤其是對於好勝心、進取心比較強的人來說，事前的某些激勵要比事後的獎勵和表彰的效果更好。

《三國演義》中，諸葛亮在選人用將方面，就非常善於運用激將法，最典型的是在劉備奪取漢中的作戰中，諸葛亮曾連續兩次使用激將法，激勵黃忠勇於破敵。第一次是在曹軍將領張郃率重兵攻打南萌關時，守關將領抵擋不住，連忙向成都告急。玄德聞知，請軍師商議，諸葛亮故意歎曰：「張郃乃魏之名將，非等閒可及。除非翼德，無人可當。」激起老將黃忠挺身而出，終使黃忠領命破敵，大敗張郃。諸葛亮第二次激黃忠，是在黃忠奪取天蕩山後，奉玄德之命要去攻打定軍山時。這時諸葛亮卻說：「定軍山守將夏侯淵非張郃可比也，他深通韜略，善曉兵機，只有荊州的關雲長方可破敵。」黃忠聽後奮然提出，這次攻打定軍山「不用副將，只將本部三千人去，立斬夏侯淵首級」。諸葛亮又再三不容。但黃忠硬是要去。諸葛亮只好派法正作為監軍隨同前去。結果，黃忠在法正的協助下，計斬夏侯淵，又趁勝奪取了定軍山。

其次，強化榮辱意識。人知榮辱，是勇於競爭的基礎條件之一。但榮辱意識，各有區別，有的榮辱意識特強，「榮則狂，辱則崩」；而有的榮辱意識特弱，幾近消失，有的甚至不知榮辱。因此，在啟動競爭前，必得強化人們的榮辱意識。強化榮辱意識，

1．**是要激發人的自尊心**。自尊心是人的重要精神支柱，是進取的重要動力，自尊心的喪失容易使人變得妄自菲薄，情緒低落，甚至內心鬱結不滿，從而極大地影響著勞動積極性。因此，必須通過教育、啟發等各種辦法激發其自尊心，尤其是要引導其認識自身的能力、自身的價值，激發其自強不息。

2．**是必須明確榮辱標準，即何為榮？何為辱？應有個明確的認識**。世界上的事情比較複雜，「不以為恥，反以為榮」和「疑為恥辱，實為殊榮」者大有人在，大有事在。例如弄虛作假，誇大政績者，有人認為這是「能人」之舉，有人認為這是奸偽之風；據實呈報，實事求是者，有人認為這是「老實無能」，有人認為這是忠實敦厚。再如，為一時「政績」而不惜犧牲國家利益者，有人認為這是事業心所在，有人卻認為這是「千古罪人」。可見，只有分清榮辱界限，才能在競爭中趨榮避辱，得心應手。

3．**是必須注意事業過程中的榮辱體現**。使進者榮，退者辱；先者榮，後者辱；成者榮，敗者辱；正者榮，邪者辱，蔚然成風，則人們的榮辱意識必強。其竭力進取之心也必強。

最後，給予爭強的機會。啟動競爭的目的是為了人盡其才，發展事業。為達此目的，還必須為每一個工作人員提供各種競爭的條件，也即工作進取的條件，尤其是要給予每一個人以爭強的機會。這些機會主要是：

1．**晝才機會**。即安排適宜的工作，便利的工作條件，較好的工作配合。

2．**失敗復歸機會**。工作失誤或失敗以後，給予「東山再起」的條件，以激勵其總結教訓，使其更加努力。

3．**進修機會**。即在工作中給予學習時間、費用及其他條件，使其在知識更新中不斷得到補充，以不斷增強其工作能力和競爭能力。

4．**進取機會**。即使其在勝任現任工作的基礎上，在職務上、在職稱上乃至學業上能有所上進，為其一展宏圖創造條件，為其實現宏偉抱負鋪上臺階。給予爭強機會，必須注意三項原則：(1)是機會均等原則。即不僅在競爭面前人人平等，而且在提供競爭的條件上也是人人平等。(2)是因事而予的原則。作為一個社會，職業眾多，競爭內容十分豐富，爭強機會非常廣泛。而作為一個單位，職業有限，事業單純，爭強機會只能隨事業發展需要而定，作為領導者雖然應為部屬的進取鋪平道路，但是方向卻是確定的，這就是事業的發展和成功。(3)是連續給予的原則。機會的給予，不能「定量供應」，也不能「平等供應」，更不能「按期供應」，而必須是在事業發展的過程中，設立一個個「里程碑」，同時設立一個個「加油站」，使其每完成一項努力目標以後，接著就能接到另一目標，同時也能獲得「能量的補充」，使其在任何時候都能得到進取的機會和條件。

第二，優化環境。

人盡其才，並非憑空而就，必須具備一定的條件。這些條件主要是：協調的人際關係，應手的工作條件和順應的成功趨勢。

首先，協調的人際關係。人際關係是人與人之間相互交流與聯繫的心理關係。人際關係是否協調對人盡其才產生很大影響。人際關係協調，心情舒暢，心理上有安全感，有助於發揮積極性與創造性。人際關係緊張，相互猜疑，彼此戒備，內耗叢生，心理上存在不安全感、壓抑感和恐懼感，阻礙創造思維的發揮，降低工作效率。人際關係一般分為縱向與橫向兩種，前者也就是上下級關係，後者就是平行的同事關係。創造和維持協調的人際關係必須做好下述各點：

1．**開拓人際溝通的渠道。**人際溝通指的是發生於人與人之間的知識情報、思想意見、態度、情感、願望等的傳遞或交流。人際溝通能使一個群體中的領導與下屬之間、成員與成員之間，以及群體與群體之間加深了解和信任，使群體成員間能達到心理相容，提高士氣，通力合作，增強群體的成功率，建立良好的人際關係。人際溝通按資訊流動的方向可分為上行、下行與平行三種形式。組織內的上級管理人員向下級人員溝通稱下行溝通，其優點在於可使下級主管部門和群體成員了解組織的目標和上級意圖，增加群體成員對所在群體的向心力與歸屬感，有助於協調組織內部各個層次的活動，加強組織性和紀律性。但由於這種溝通採取逐級傳遞，因此，來自於高層的資訊在傳遞過程中容易出現耽誤、誤解和歪曲等現象，使資訊減少或失真。上行溝通指群體成員和下級管理人員，通過一定渠道與上級所進行的溝通。其優點是群體成員可向上級反映自己的意見，獲得一定程度的心理滿足和參與感；而群體領導者也能夠利用它及時全面地了解和掌握情況，與群體成員形成良好的人際關係，提高管理水平。但在上行溝通中，下屬因級別不同易形成一些心理障礙，而且，這種溝通常常效率不佳，有時由於特殊的心理因素，經過層層過濾，導致資訊曲解，出現適得其反的結局。發生在同一層次的群體成員及群體之間的溝通叫平行溝通。它是保持成員之間、群體之間正常關係的重要條件。其優點是可簡化辦事程式、節省時間、提高效率；有助於群體中各部門間的相互了解及整體觀念和合作精神的形成；可增加成員之間的互諒互讓，形成良好的人際關係。缺點是信息量大，易造成混亂，而且容易形成消極的情緒感染。

2·**創造良好的心境**。心境是一種比較持久和微弱的情緒狀態，它往往在很長的一段時間內影響人的言行和情感，心境具有擴散性，它使人的一切體驗和行動都染上某種色彩。心境的表現形式多種多樣，但往往帶有兩極性的特點，如愉快與憂愁，憤怒與安靜等等。良好的心境有助於人的積極性、主動性和創造性的發揮，提高學習和工作效率。而消極的心境則使人厭煩、消沉，對一切都看不順眼，更談不上人盡其才。心境和人際關係有著密切的聯繫，良好的人際關係是保持良好心境的重要條件，而良好的心境也是協調人際關係的重要因素。因此，創造群體成員良好心境是十分必要的。

3．**調整人際關係，減少不良適應**。不良適應是指個體在群體中表現出與環境不相協調的行為。一般有以下包括：攻擊、退化、固執、冷淡等等。對於任何個體的不良適應都不可輕視，必須設法改變。改變不良適應的最主要的方法，就是人際關係的調整。如果個體的不良適應是起源於內在因素，則應幫助他認識，事情並沒有像他所想像的那麼嚴重，或引導他以另一種動機來取代他所無法滿足的原來的動機，或是規勸其延長動機滿足的期限。其具體做法是：傾聽他的抱怨，這樣可以使他情緒獲得發洩的機會，同時，藉此進一步了解他的心理需要；給他以精神上的鼓勵，激發他奮發上進，幫助他發展自我才能；提供學習機會，使他不僅在技術水平上有所提高，更好地適應工作需要，同時還可使他更好地安排業餘生活，充實生活，避免空虛感。

其次，應手的工作條件。古人曰：「工欲善其事，必先利其器。」

1．**各項工作條件是重要的生產要素之一**。因為，構成社會活動和生產活動的要素主要是兩方面，(1) 是人，(2) 是物。而「人」這個要素的作用的發揮，一靠自身素質，二靠良好的人際環境和政策環境，這兩個「環境」正是重要的工作條件之一。至於

「物」的要素，純指物質性的工作條件而言，亦即勞動工具和勞動對象。離開一定的工作條件，任何工作都無法進行，任何事業都無法完成。正如古人所說：「黃鵠之飛，一舉千里，有必飛之備也。」

2．**任何勞動都是社會化勞動，任何生產都是社會化生產**。而生產社會化的特點就是分工過細而又互相銜接，各種類型、各項內容、各個勞動者的勞動都互為條件，互為因果，互為前提，所謂「工作條件」，實質上就是別人的勞動成果或結晶。所以，既然社會化大生產要求各方面條件的相互配合，那麼，一定的工作條件也就成為工作活動的重要因素了。應該提供怎樣的條件呢？應該是：技術先進，提供及時，得心應手。只有技術先進，才能保證較高的工作效率和勞動生產率；只有及時供應，才能保持穩定的工作節奏和節拍；只有得心應手，才能適才適用，既不浪費，又恰到好處，確保需要。近年來，不少有關科技工作者對人體工程學產生了興趣，而人體工程學正是以人的生理及心理特點、工作環境和機器設備為出發點，考慮到人與環境、機器的相互關係，研究如何改善環境和設備，使之適應人的生理和心理特徵，以提高勞動生產率，可見，如何提供應手的工作條件已引起人們的高度重視。

最後，順應的成功趨勢。孟子曰：「雖有智慧，不如乘勢。」可見，事之成否，與其所處之勢有極大的關係，原因何在？

1．**勢不同，則所處環境不同**；環境不同，則其結果也不同。人也一樣，同為一事，處於甲地，因取地理之優而一舉成功；處於乙地，失卻地理之優而屢試不成。

2．**勢不同，其所處位置不同**；位置不同，則其效果不同。古人說：「任勢者，其戰人也，如轉木石；木石之性，安則靜，危則動，方則止，圓則行。故善戰人之勢，如轉圓石於千仞之山者，勢也。」意為，用人作戰，就好比滾動石頭。要根據它的特性而造成一種只能前進不能後退，只能勝不能敗的形勢，就像轉動圓石於千百丈高的山頭一樣，急轉直下，勢不可遏。那麼，怎樣為部屬創造順應的成功趨勢呢？作為一個領導者，應該：(1)持局勢。在許多時候，全局形勢對個體影響極大，這種影響首先表現於各方面的配合，是優勢配合，還是劣勢配合。前者對個體工作起促進作用，後者則起牽制阻礙作用。(2)持要勢。即對關鍵之崗、要害之位的勢態，要牢牢掌握，不可懈怠。這些崗位，失勢，則全局皆搖；得勢，則全局皆因。所以必須密切注視這些崗位的勢態，千方百計地創造條件，使其順利工作，積極進取，確保其事畢功成。(3)持態勢。《孫子》曰：「故善戰者，求之於勢，不責於人，故能擇人而任勢。」何謂「任勢」？「任勢者，其戰人也，如轉木石。」意為用人如滾動木石，使其處於只進不退之勢。可見，層層級級密切注意工作人員的態勢極其重要。勢衰，必須設法使之勢盛；勢盛，必得使之保持，如果能使每一個人、每一崗位、每一部門的工作都能如同滾石流矢，湧潮疾風，則工作人員的成功之望，必如探囊取物。

第三，寧缺勿濫。

欲使人盡其才，用人必得寧缺勿濫，相對穩定。寧缺勿濫，即指用人精幹，不多用一人，不閒置一人；相對穩定，是指要麼不用，用則必專，不輕易變動，不輕易撤換。

首先，「官不必備，惟其才」。用人之多少，應據工作需要而定。在確保工作量滿足的情況下，科學設置職位、職數，然後據其職位需要、職數多少，在一人一職的原則下安排工作，既不可備位，也不可備人，否則，必將多生弊端，影響工作效率。但在現實中，備位、備人現象屢見不鮮。有的以培養後繼人選為由，濫增職數，名為「老、中、青」結合，實為「老、中、青」閒置；有的分工過細，而工作量不足，經理一個班，科長一個排，「喝酒全上，辦事全讓」。這樣一來，人滿為患，弊病百出：(1)為「十羊九牧，其令難行」。根據管理學的研究，領導者的管理幅度以三至六個單位為好，多則精力不足，管理鬆弛；少則精力過剩，工作量不足。而且職數過多，尤其是領導職數過多，必然「令」出多頭，使下屬無所適從。(2)為「官多則亂，將多則敗」。俗話說：「無事生非。」人多事少，造成大量閒員、閒時，閒來無事必指東責西，議論世事，矛盾必生。而且，一個單位權力有限，官少則權力集中。官多則權力分散。散則不融，離心傾向隨之而生，爭權奪利也就在所難免。(3)為「人浮於事，事怠於人」。僧多粥少，導之以「爭」，而人多事少，必致於「推」；人浮於事，推委懈怠之風必起。正如有人描述的那樣：一些事沒人做，一些人沒事做。一些沒有事做的人盯著做事的人、議論做事的人、品評做事的人做的事。使做事多的人只能少做事，做事少的人開始不做事，不做事的人總是不做事，總是做不了事。一些沒有事做的人總是沒事做，一些做事的人總有做不完的事。一些沒有事做的人滋事鬧事，讓做事的人做不成事，做不好事，要做更多的事。也使小事變成大事，簡單的事變成複雜的事，短時間就可做完的事變成長時間要做的事。(4)為「有用賢之名，無用賢之實」。有些人嗜賢成癖，不分類型、不分老幼，只要有一技之長，一概收留，確有一些「禮賢下士」之風。但是，一旦「賢才」進門，便棄之一旁，委以閒職，結果濫進滋養，毫無建樹，造成人才的極大浪費。

其次，職不輕授。與「官」不必備同樣重要的還有一點即「職不輕授」，輕授其職至少有三大害處。(1)害：缺乏深入了解，久而必違初衷。既稱「輕」授其職，必是未經深入了解，其智慧如何，才識如何，有何特長，即使是有所耳聞，也不知其詳；即使是知其過去，也不知其現在；即使是知其一事，也不知其他事，輕易授職，必然盲目。授職目的是為了用其才智，而使職位得人，但是不知其詳，任職多有不當，時間一久，必顯其不適，這豈不是與授職初衷大相徑庭。(2)害：缺乏成熟考慮，難以多方協調。置一機構必顧及全面組織，授一人職，必考慮多方協調。此人是否為最佳人選？是否還有更適合者？此人是否更適合於其他職位？與本職位其他人員以及相鄰職位人員在互補效應上與智慧結構上是否合理等等。這些如果未能考慮成熟，而輕易授職，勢必產生偏頗之處，對以後的工作也必然帶來一系列負作用。(3)害：得職輕而易舉，賞罰必受其亂。儘管任職不能作為賞罰的「獎品」，但也不可否認，只有在低一級職位上確實做出成績而顯示其才能者才可以提升到高一級職位上來。如果某人毫無建樹，便輕授其職，那麼必然給人以「用人不明，賞罰不平」的感覺，而一旦工作人員產生這種看法，其後果之壞可想而知。

最後，任之以專。既然職不輕授，那麼，一旦授之以職，也不可輕易變動，而應「任之以專」，使其「久於其任」而有建樹。北宋王安石曾特別提倡任人必得「任之以專」、「久於其任」。所謂「專」，就是使人專於一事，不要頻繁改行；所謂「久」，就是使人在某一職位上多幹幾年，不要經常調動，若能做到以上兩條，則「智慧才力之士則得盡其智以赴功，而不患其事不終，其功之不就也」。具體說來，任人以專至少可以帶來三利；(1)是利於情緒穩定。工作頻繁變動，必然造成臨時性心理，造成行動上的「短期行為」，對企業或單位的長遠發展極為不利。而如果任之以專，使其久於其任，其情緒必然穩定，考慮問題必然多及長遠規劃和長期發展。(2)是利於經驗積累。「久任則閱歷深，習慣則智巧出」。人的工作經驗是和其工作時間成正比的，時間越長，其經驗越豐富。在某一職位上工作，時間越長，則勝任這一職務的經驗也就越豐富，其任職的能力也就越加提高，其政績也就更有發展。而如果一個部門各個職位的任職都能任之以長，久事其職，則該部門各個方面工作必能同步發展，其事業也必定成功。(3)是利於協調。協調需要熟悉情況，熟悉同事，熟悉相鄰職位的業務，而這也需要一個過程，這個過程有時甚至比熟悉本職工作的時間還要長。

第四，分級管理。

用盡其才的重要條件之一，即是分級管理，各負其責，各盡其力。而要分級管理，必須授之以權，明之以責，使其權責相宜，得心應手，盡心盡責。

首先，「明主」用眾人之智。古人曰：「天下之大，非一人之所能治，而分治之以群工。」又曰：「任能者責成而不勞，任己者事廢而無功。賢主勞於求人而佚於治事。」凡事事必躬親，必勞而無功；若能任賢使能，使「各治一面」，必逸而成事。其原因就在於；

1．**領導寬度有限**。由於領導者體力和心理方面的差異，加上領導者的精力、時間的有限，領導者的管理範圍在客觀上有一定限度。超出這個限度，必為領導者難以承受，即使勉為其難，也必定影響工作效率。

2．**領導者能力有限**。任何人，即使是「學富五車」，其智能也不可能包容萬物，一切皆精，只能精通於一面。而一個單位的工作所涉及的業務面、知識面很廣，非一人所能全部精通，因而必須通過各方面的內行通力合作才能完成。曹操正是靠用眾人智得以雄霸天下，而諸葛亮雖才智過人，但惟獨在這一點上卻略遜一籌。他生前出將入相，內政軍戎「事必躬親」、「罰二十以上必親理」，結果被弄得「食少事煩」，心力交瘁，病死於五丈原軍中，年僅五十三歲。可見，能否分級管理，分授其責十分重要。但是，現實中確有一些人熱中於權勢，然而掌權時則怕被人奪取而恐懼，失權時猶如喪失一切而悲哀。結果變成「漩渦式無效率循環」。阻礙著人盡其才，扼殺了組織的生機活力。那麼，怎樣分級管理呢？

一、**是計人置官，分人授事**。即把全部工作分為各類，根據事之需要和人之專長分授其職，使各事一業，各盡其能。

二、**是既授事，正名分**。孔子曰：「名不正則言不順，言不順則事不成，事不成則禮樂不興，禮樂不興則刑罰不中，刑罰不中則民無所措手足。」因此，既授其職，必須定其名位，即明確其職務。名分、職位既定，才能「師出有名」，使其服眾，得心應手。否則，任之如虛，事必亂序。

三、**是專人負責，避於多頭**。「計人置官」則「多官一面」在所難免；「分人授事」則「一事多人」也常發生。如遇這種情況，必須明確專人負責，或明確一人為主，他人輔助。否則，「大家負責，都不負責」，職責不清，事必受損。

四、**是力避兼職，使其專一**。兼職者精力分散，難於專一；職責不清，難於究咎；結果「一人數職，數職並損」。《韓非子．用人》曾就此弊指出：「明君使事不相干，故莫訟；使士不兼官，故技長；使人不同功，故莫爭。」並打了兩個比方，王良、造父都是著名的馭手，若「令王良、造父共車，人操一鞭轡而入門閭，駕必敗而道不至也」。

五、**是因責授權，權責相宜**。「將無權難以成功，兵無機難以稱雄。」既授其職，必有其責，有其責則有其權。有責無權，則無力開展工作，也無力履行其職責。有權而無責，則可能使其不負責任，或濫用其權。因此，權力必須據其責任大小而授，使權責平衡，相輔相宜。

六、**是機構設置，精、簡、統一**。機構應據事而設，不可重疊，不可虛設，不可臃腫。重疊則權力紛爭，虛設則浪費人才，臃腫則「如浮圖百級，級級難通，廣廈千間，重重並隔」。應體現精幹、簡練並統一於整體的原則。

七、是執簡御繁，上下不侵。古人曰：「主大計者，必執簡以御繁。」又曰：「為治有體，上下不可相侵。」意為，作為上級領導應「思不出位」，總領原則，而不可「多務細行」，侵擾下級工作安排。只有這樣，才能為下級提供一個發揮主觀能動性的機會。而如果縣宰之權，受制於州牧；州牧之權，取則於使司。疊相拘持，不敢專達。雖有政術，何由施行？既無「施行」，下級部屬之職也形同虛設。

八、是控制下屬，掌握尺度。分級管理，並非放任自流，而應施加恰當的控制。這種「恰當」主要表現於：(1)明確控制重點。重點是下屬關鍵部門、關鍵環節和各部門的主要領導人。(2)控制應力求合理，切勿控制過多、過緊，以免限制其創造力的發揮，限制承擔智力風險的勇氣。控制應掌握尺度，這個「度」，在時間上應掌握節奏和間斷，而不應過分頻繁；在內容上，應掌握工作進度和關鍵措施的落實，而不應是所有的細枝末節；在方法上，應啟發指導和嚴格要求並重，而不可偏廢。(3)在控制中，對下屬工作偏差和錯誤的糾正應讓下屬自己動手，而不可「越俎代庖」。(4)對有形目標和無形目標的控制要保持平衡，切勿對前者控制過嚴，對後者過寬。(5)對下屬控制應實事求是。不可強迫下屬做力所不及的事，更不可偏聽偏信，動輒指責。(6)要把領導控制與下屬的「自我控制」結合起來，而且更多的是要依靠下屬自己控制自己的行為。(7)對下屬實施控制一般只限於工作範圍，不涉及下屬個人生活。

其次，「明主」治吏不治民。「明主」用眾人之智，並不意味著一個領導者必須直接管理於眾，而必須各級領導分而治之。作為一個地方「長官」，或一個單位的領導者只能「治吏不治民」，而不可「一插到底」。之所以「治吏不治民」，(1)為：吏「居於君主和百姓之間」，為仲介之要。領導者凡事親自組織群眾，組織全部工作人員，是不可能的，既無此精力，也絕無成效。只有通過下屬各級領導這個仲介去貫徹執行。(2)為：吏責重大，而民責微小，吏正則民正。為君者，總希望吏治清明，萬民樂業；作為一個領導者，也總希望眾人努力，事業興旺。然而這一切，在高層領導者正確決策的前提下，關鍵就在於中層各級領導者的努力和才智。假如中層領導認真負責，刻苦努力，則事業有望；而如果中層領導敷衍塞責，不加努力，甚至以權謀私，則事業必敗。所以，「治民必先治吏」。

第二章

獨特用人手段——恩不可專用，罰不可獨任

「水不激不躍，人不激不奮」，治人攏心必以激勵為先，不激勵無以喚起人的進取欲望，無以激發人的奮進鬥志，無以增強其克服困難的決心。可見，欲行治人攏心之道必用振奮人心之術，需從物質上和精神上給予個人以滿足的可能，或通過建立起牢固的感情橋樑，以激發人的責任心和事業心。

一、秉公執法，以威勢懾人心

——欲將一盤散沙凝聚成「萬眾一心」，將烏合之眾鍛鑄成「殺敵利劍」，除明功罪、清賞罰別無他法。

曹操治人攏心，特別注重依法治軍、治政，貫徹賞罰嚴明的原則。因為，對於處於一盤散沙的屬下，是談不上去激勵和振奮的。所以，曹操在激勵人心方面最首要的振心術就是嚴明法紀。由於長期處於戰亂狀態，他推行的法治，突出表現在治軍方面。他在《孫子兵法》的注釋中，強調了「以法治軍」的原則，並提出「設而不犯，犯而必誅」等主張。他認為有了軍法，就必須嚴格執行。還強調說：「禮不可治兵也。」治軍應按軍法從事。

1．「設而不犯，犯而必誅」

曹操一生中，他制訂了許多法律性的令文，如《論吏士能行令》、《敗軍抵罪令》、《封功臣令》、《軍令》、《戰船令》、《步戰令》等等，很多是具體的、明確的法律性條文。當其子曹彰要率軍北征烏桓時，曹操還囑咐他要按王法從事。

曹彰，字子文，少時善射御，膂力過人，格殺猛獸，不避艱險。代郡烏桓反，曹操以曹彰為北中郎將。臨行時，曹操告誡曹彰說：「我和你在家為父子，受命為君臣，行動時要按王法從事，你應慎重。」曹彰北征，進入涿郡界內，叛胡數千騎突然到來。當時兵馬還未集合，只有步兵千人，騎兵數百。曹彰聽從田豫的計謀，堅守要害，敵人才退走。曹彰追擊敵人，親自搏鬥，戰鬥半天，鎧甲上中了數箭，鬥志卻更加昂揚，乘勝追擊，到了桑乾，離代郡二百多里。長史和諸將都認為兵馬剛剛經過長途跋涉，勞頓不堪，又有上面的命令，不許過代郡，所以不同意深入代郡。曹彰說：「率領軍隊進兵，哪裏能取勝就去哪裏，還管什麼命令？胡人逃走未遠，若追擊一定能打敗他們。遵守命令，放走敵人，不是良將。」於是上馬，命令軍士說：「後退者斬首。」奔走了一天一夜追上敵人，大破敵軍，斬獲俘虜數以千計。曹彰於是賞賜將士，部下都非常喜悅。

何夔在司空府任職，因曹操「性嚴，掾屬公事，往往加杖，夔常蓄毒藥，誓死無辱，是以終不見及。」何夔是一條硬漢子，認為「士可殺而不可辱」，身藏毒藥，一旦公事出錯，受杖責之前即服毒自盡。也許正因為他愛惜生命才以毒藥自戒，所以為官一生從不出錯。

推行法治、審當賞罰，法律本身的得當也至為重要。在魏國建立之初，就存在著刑法過於嚴重的傾向。後來曹操採納尚書郎高柔的建議予以更改。

魏國初建時，鼓吹（官職名）宋金等人在合肥叛逃，按法要考治其妻兒。曹操還嫌太輕，要加重處罰。於是，主審官奏請將其母親、妻子和兩個做官的弟弟全部斬首。尚書郎高柔上書曹操說：「士卒逃亡確實可恨，但逃亡者中亦有後悔的。我認為應該對逃亡者的妻子予以寬大，這樣，不僅可使敵人不信任逃亡者，還可促使逃亡者回心轉意。像以前那樣的處置，逃亡者完全絕望，若再加重處罰，使現在軍中的士卒人人自危，今後怕要相隨而走了。可見，刑罰過重非但不能制止逃亡，反而會促使更多的人逃亡。」曹操聽後稱善，立即採納了高柔的意見。曹操走上仕途不久，就顯出了他秉公執法，敢於向強權挑戰性格。

靈帝嘉平三年（西元一七四年），二十歲的曹操被地方推舉為孝廉。孝、廉原是漢代選舉官吏的兩種科目，孝指孝子，廉指廉潔之士，後來合稱孝廉。在西漢武帝之後，有了孝廉的資格，就可以做官了。

開始時曹操被任命為郎（帝王侍從官的總稱），接著由京兆尹（相當於郡太守）司馬防（司馬懿父親）推薦，出任洛陽北部尉，正式踏上了仕途的第一站。

洛陽是東漢的首都，負責查禁盜賊維持治安的尉（相當於縣尉）不止一人，分部管理。洛陽北部尉負責洛陽北部地區的治安工作，可以說是京城北區的警備隊長。由於洛陽是在皇帝腳下，權貴又多，管好治安是件重要工作，當然也是很不容易做好的工作。

當時京城地區的治安情況很不好，經常有突發事變，為了保證皇帝等的安全，政府規定了京城地區嚴格的治安條例。曹操上任後，為了把治安工作搞好，忠於職守，將自己管轄的四道城門修繕完好，並製作了若干五色大棒掛在城門的兩邊。然後申明禁令，凡是違反治安條例的，不管是平民百姓還是豪紳權貴，一律用五色棒打死。這樣一來還真的起作用了，在一段時間內治安情況良好，無人敢於違犯。

過了幾個月之後，一件棘手的事情發生了。宦官蹇碩的叔父，仗著他侄兒的權勢，根本沒把曹操放在眼裏。

蹇碩其人壯健而有武略，這時雖不過是一個六百石的小黃門，職位不算高，但因隨侍皇帝左右，負責溝通內外和上下之間的聯繫，手中握有一定權力。其人又深得靈帝寵信，是一個前途未可限量的人物（十餘年後，蹇碩被靈帝任命為上軍校尉，居統領禁軍的西園八校尉之首）。整個宦官集團這時正處於炙手可熱的時期。

一天蹇碩的叔父違禁夜行，曹操手下的人把他拿住。曹操喝問說：「你是何人？為什麼違犯禁令夜間出行？」回答說：「我姓蹇，宮中的蹇碩是我的侄子。」曹操聽後，氣得火冒三丈，又喝道：「夜間出行，違犯禁令，當受重罰，你知道不？」回答說：「我有急事才出來。禁令是為了防止變亂，像我這樣的人，哪能有作亂之理？你不應當處罰我。」曹操說：「我不管是什麼人，只要違犯了禁令就要制裁，徇私枉法的事我是不能幹的。」接著便把他押到城門處，當著眾百姓的面宣布罪行。然後毫不留情地用五色棒把他活活打死。這一來，起了殺一儆百的作用，此後，洛陽城的治安情況比以前更好了。史書上記載：「京師斂跡，莫敢犯者。」

這件事轟動了洛陽城的大街小巷，老百姓都稱讚曹操不畏權勢、堅決執法的行動。當然也觸動了漢靈帝身邊那些被寵信的宦官，蹇碩就對曹操恨之入骨。但由於曹操是按照治安條例辦事，輿論又多是讚揚曹操的。蹇碩欲加害曹操可又抓不著把柄，只好慫恿有關部門把曹操升為頓丘縣令，使其離開京城。

據說，曹操做了魏王後，對他在任洛陽北部尉時這一段不平凡的生活和初登仕途所取得的成功，一直不能忘懷。一次，他特意把推薦他做北部尉的司馬防請到鄴城來，設宴款待，其間抒懷暢飲，開玩笑說：「建公先生，我現在還可以再去做尉嗎？」

司馬防回答得很巧妙：「過去我推舉大王時，大王正適合做尉。」

曹操聽了，哈哈大笑，認為司馬防很正直。

曹操能夠按王法行事，確實是他能夠成就霸業的一個重要因素。曹操自己在死前也深以為然，在他的遺囑中就有「我在軍中依法辦事是對的，至於小的忿怒，大的過失，不應當效法」的話。

2・以法治人要在不徇私情

要嚴明法紀並不容易，難就難在對屬下一視同仁，不能任人惟親。他在擬派兒子前去三地管理軍民的「諸兒令」中，表達了他的這一作風。其令說：「今壽春、漢中、長安，先欲使一兒各往督領之，欲擇慈孝不違吾令，亦未知用誰也。兒雖小時見愛，而長大能善，必用之。吾非有二言也。不但不私臣吏，兒子亦不欲有所私。」

在這一命令裏，他明確說明，不僅對部下不講私情，連自己的兒子也同樣看待。並決定派不違背他命令的兒子前去三個地方管理，親自把重任交給他們，體現了曹操「長大能善，必用之」的思想，這對兒子是一種莫大的鼓舞和鞭策。

當然，待部下、子女不徇私情，也有立場發生動搖的時候。但可貴的是曹操能馬上意識到自己的錯誤，對嚴格執法、不拘私情的屬下予以讚揚。

曹操到兗州時，徵召滿寵任從事。等到曹操為大將軍時，召他代理西曹屬官，又任許縣令。當時曹洪的一位賓客在許縣境內多次犯法，滿寵將他逮捕並治了罪。曹洪寫信給滿寵說情，滿寵不予採納。曹洪又稟告曹操，曹操召見許縣官吏。滿寵知道曹操將要赦免罪犯，就很快將他們殺掉。事情發生後，曹操卻高興地說：「處理政事難道不應該這樣嗎？」原太尉楊彪被捕後交給許縣審理，尚書令荀彧、少府孔融等都囑咐滿寵：

「只應記錄供辭，不要拷打他。」滿寵一個也不答覆，仍按法拷問。幾天之後，他求見曹操，對曹操說：「楊彪通過拷問沒有另外犯罪的供辭。判決斬殺的人應該先公布他的罪狀；這個人全國有名氣，如果罪狀不明，定會使您大失民心。我私下裏替您感到可惜。」曹操當天就赦免楊彪。開始，荀彧、孔融聽說拷打楊彪，極為憤慨，直到楊彪被釋放了，才消除怒氣，並且與滿寵更加友善。

曹操有一把寶刀名叫「百辟刀」，用作「懾服奸宄者」，為「百煉利器，以辟不祥」之意。他讓工匠仿造了五把，自留二把，其餘分贈曹丕、曹植和曹林。曹植曾寫《寶刀賦》記敘此事。其序文為：「建安中，家父魏王，乃命有司造寶刀五枚，三年乃就。以龍、虎、熊、馬、雀為識，太子得一，余及余弟饒陽侯各得一焉。其餘二枚，家父自仗之。」正文形容刀的鋒利：「陸斷犀革，水斷龍角，輕擊浮截，刃不纖削。逾南越之巨闕，超西楚之太阿。」「陸斷」二句，言其適用於水陸攻戰。「輕擊浮截」，言其省力。「刃不纖削」，言其耐用。巨闕劍為越王勾踐所佩，太阿劍為歐冶子、干將所鑄。百辟刀超過了著名的巨闕劍和太阿劍，言其珍貴。

曹操還送給曹植四領鎧甲：黑光鎧、明光鎧、兩當鎧、雙環鎖鎧各一領，銀鞍一具，大宛良馬一匹。大宛良馬即產於西域大宛的紫紅色汗血馬，非常名貴。曹植說，此馬「形法應圖，善持頭尾，教令習拜，令輒已能，又能行與鼓節相應」。牠符合良馬的要求，性情溫馴，極通人性，行走疾遲與鼓音急緩節奏相應和，令人喜愛。

曹操送寶刀、鎧甲、馬鞍和戰馬給諸子，意在勉勵他們習文不忘練武，文武雙全方能適應戰爭環境。

曹操征戰時常帶諸子隨行，諸子成人則授權領兵，使之經風雨、見世面。建安二十年七月，他擬選三子任淮南、漢中和關中的軍政長官，說：「諸子年幼之時我皆喜愛，但成人後要德才優秀才予重用。我言行一致，對部下不偏私，對諸子也不偏愛。」由於淮南和漢中戰局發生急劇變化，後來只有曹彰任代理越騎將軍，領兵鎮守關中。

在諸子封侯方面，曹操也堅持一個標準。曹彰、曹植、曹據、曹林四子是建安十六年首批直接封縣侯的，同年曹宇、曹玹二人封為鄉侯。起點較低者為亭侯，如曹幹是建安二十年第二批封侯的，為高平亭侯，曹茂是建安二十二年第四批封侯的，為萬歲亭侯。其原因為曹幹當時才一歲，年齡太小；曹茂「少失寵於太祖」，稟性狂傲乖戾，不討老父喜歡，「少不閒禮教，長不務善道」，小時候不願接受正面的品德教育，長大之後搞歪門邪道。第三批分封於建安二十一年，曹兗為平鄉侯。鄉侯低於縣侯，高於亭侯。曹兗「少好學，年十餘歲能屬文，每讀書，文學左右常恐以精力為病，數諫止之，然性所樂，不能廢也」。直接封為鄉侯，是由於他好學上進。

3・「刑上大夫，法加於尊」

亂世的人心可以說是最浮燥而不可測的，其進退行止會帶有很大的隨意性、衝動性。因此，一個人在亂世統領一班人馬，如果不能從自身的角度加強修養，嚴以律己，以身作則，有錯必糾，則很難令眾人信服，他人的支援也會大打折扣。

在曹操的軍營中，歷來講究依法治軍，而當他自己「制法而犯法」的時候，則是一個嚴峻的挑戰，曹操「割髮代首」之舉則令部下深為懼服。

建安三年（西元一九八年）三月，曹操再度親臨清水東岸。

這次曹操仍留下荀彧及程昱這對最佳搭擋駐守許都，自己帶領荀攸、郭嘉、曹仁、曹洪、于禁、呂虔、許褚等浩浩蕩蕩出發。一路上，麥田已成熟，因聽到軍隊路過，居民嚇得四處逃散，沒有人敢留下來收成。

曹操有感於漢末以來戰禍連連，軍紀太壞，平民受苦最烈，聽說有軍隊到來，無不談虎色變，逃之夭夭。因此，向各軍下達指令：「吾等奉天子明詔，出兵討伐叛逆，與民除害。方今麥熟之時，不得已而起兵，大小將校，凡過麥田，但有踐踏者，並皆斬首，軍法甚嚴，爾民勿得驚疑。」

官兵聞知，經過麥田時，無不小心翼翼，皆下馬以手扶麥，遞相傳送而過。偏偏只有下命令的曹操，自己輕鬆自如地坐在馬上，欣賞著隨風起伏的黃金色麥田，對這次命令的政治效果，正在得意地暗自估評著。

不意馬到之處，麥田裏突飛出一隻鳩鳥，曹操的坐騎嚇了一跳，竄入麥田中，踐壞一大片麥。曹操緊急之下，腦筋一動，立刻到主簿處請罪。

主簿聽了之後，很為難地表示：「軍令怎可用在丞相（當時曹操已由獻帝授以丞相職位）身上呢？」

「我自己下的命令，怎可先不遵守，這樣如何讓別人心服呢？」

曹操說完，便做出一副準備自殺的模樣。

郭嘉看出曹操的心意，立刻阻攔，並表示說：「古者春秋之義，法不加於尊，丞相統領大軍，怎可自戕？」

曹操想了很久，面帶嚴肅地說：「既然春秋有法，不加於尊，我姑且暫免死刑，但仍以頭髮代替之。」

說完，拔劍割下髮，交給主簿，並傳送各軍營示眾：「丞相踐麥，本當斬首號令，今割髮以代。」

於是全軍驚然，沒有人再敢輕忽軍令，紀律大整。

將自己的頭髮割下來擲在地上，表示自己受了髡刑。髡刑是古代剃去頭髮的一種刑罰。在封建社會，人們認為身體髮膚是父母給的，毀傷了它就是不孝。因此，割髮被列為一種刑罰。曹操的割髮，即表示受了髡刑，又有以髮代首的意思。在封建統治者宣揚「刑不上大夫」、「罰不加於尊」的情況下，曹操能夠表示自己不置身於法外，這還是難得的。這也表明曹操對以法治軍的重視。

在漢末三國那個時代，凡是能夠立得住的統御者，大都具備這種嚴以律己，以身作則的品質。諸葛亮自降三級、姜維引咎自責和司馬炎引二敗為己過也都屬此類。

《三國演義》第九十六回「孔明揮淚斬馬謖，周魴斷髮賺曹休」中，寫了諸葛亮自動降職三級的故事，是律己之美談。馬謖失街亭，諸葛亮認為自己有不可推卸的責任，也應受罰。依法斬了馬謖後，親自動手書寫表文，上書後主劉禪，要求免去丞相之職。後主閱後，經過反覆的考慮，同意了諸葛亮的意見，免去丞相之職，降為右將軍，行丞相事。

蜀將姜維被魏國大將鄧艾在段谷打敗後，士卒離散，四處逃亡。將士都埋怨姜維，隴西地區也騷動起來，百姓不得安寧。姜維引咎自責，上書請求後主貶官削職，降為後將軍，代理大將軍職務，部下感服。

魏扶南大將軍司馬炎，命征南將軍王昶、征東將軍胡遵、鎮南將軍毌丘儉討伐東吳，與東吳大將軍諸葛恪對陣。毌丘儉和王昶聽說東征軍兵敗，便各自逃走，朝廷將懲罰諸將。司馬炎說：「我不聽公休之言，以至於此，這是我的過錯，諸將何罪之有？」

這一年雍州刺史陳泰請求與並州諸將合力征討胡人，雁門和新興兩地的將士，聽說要遠離妻子去打胡人，都紛紛造反。司馬炎又引咎自責說：「這是我的過錯，非玄伯之責。」一眾百姓聽說大將軍司馬炎能勇於承擔責任，敢於承認錯誤，莫不歎服，都想報效朝廷。司馬炎引二敗為己過，不但沒有降低他的威望，反而提高了他的聲名，「可謂智矣！」如果司馬炎諉敗推過，將責任推到下邊，必然上下離心，哪還會有日後的以晉代魏的局面呢？

由於曹操和諸葛亮等統帥在治理軍隊、治理國家時嚴於律己，所以他們在軍民心目中有極高的威信，做到了有令必行，有禁必止，軍隊的士氣旺盛、戰鬥力強。

威信是霸主們必須具備的素質。有威信的霸主其計劃、指令、任務容易被下屬所接受。他的指示、意見令下屬信服，他領導的團體就是一部完整的機器，能快速、高效地運轉起來。否則，絕不會有所作為。

樹立威信的要素很多，嚴於律己首當其衝。古人云：「人非聖賢，孰能無過。」其實聖賢也不一定無過。像諸葛亮這樣比較全面的人不也有失誤嗎？關鍵是能不能像諸葛亮、曹操那樣有自知之明，有自我發落的勇氣。

將帥的威信從律己中來，這是一個既淺顯又深奧的道理。「身不正則令不從，令不從則生變」。對於雄霸天下的人來說，有了這種威信，就有了感召天下的力量源泉。

二、重賞驅動，絕不貪天之功

——重賞之下必有勇夫。獎賞越大，人們行動的積極性越大，連續次數越多，人們的依從性就越強，越便於統御者治人攏心。

重賞驅動是統御者有效地調動群體行動的手段。現代心學通過大量實驗證實，大量的、連續而有目的的賞罰，對於人們的行為形成有一種定向作用。古人早就認識到這個道理，古代高明的統御者在一些非常時期，為落實某新舉措，經常運用重賞手段，力爭在短期內形成群體效應。

1．不可吝惜高官厚爵

人與人之間的關係歸根結柢是「利」與「害」兩個字，高明的統御者應善於運用對「利」的「賞」和對「害」的「罰」去調動其屬下的積極性。「立可為之賞，設可避之罰，以結上下之恩」。同時，在賞與罰這對矛盾的統一體中賞是主要的，賞的一個基本手段是授官封爵，若「主賣官爵」，則「臣賣智力」。為什麼呢？「臣盡死力以與君市，君垂爵祿以與臣市，君臣之際，非父子之親也，計數之所出也」。統御者與屬下關係說到底是一種赤裸裸的利害關係，不像父子之間有自然的親情；統御者用官位爵祿與其屬下的智謀和力量相交換，即可取得屬下的擁護和支援。

曹操迎天子於許都，總攬朝政後，一方面興利除弊，整頓朝政，一方面還注意大力搜羅人才，由此而出現了一個人才來歸的熱潮。其中一些人是抱著效忠獻帝的目的而來，但因獻帝已被曹操控制，所以這些人也直接、間接地為曹操所用，有些人是奔著曹操來的，認為曹操有膽有識，重賢用能，事業蒸蒸日上，來這裏可以大有作為。

獻帝都許不久，名士孔融即接受徵召，到許都做了地位較高的將作大匠。孔融，字文舉，魯國人，孔子二十世孫。小時頗聰明。十歲時，隨父到洛陽。當時河南尹李膺以簡重自居，不是當世名人及世交摯友一概不肯會見。孔融很想一睹李膺丰采，於是來到李膺家門前，對看門人謊稱與李膺是世交。李膺把孔融請進屋，問：「你家祖輩同我家有過來往嗎？」

孔融回答說：「是的。先君孔子與您先人李老君同德同義而相師友，因此我與您是世交。」

李老君，即老子，為周朝守藏史。據《史記．老子韓非列傳》，孔子到周時，曾向老子問禮，算是有過交往。在座的賓客聽了孔融的回答，都覺得頗機敏得宜，無不為之歎息稱賞。只有太中大夫陳煒不服氣，吹冷風說：「小時聰明，大了不一定就能幹。」

孔融應聲回答：「照您所說，您小時候一定很聰明吧？」

李膺聽了，哈哈大笑，誇獎孔融說：「長大以後，你一定是個人才！」

孔融崇尚儒學，博涉多覽。十六歲時，因掩護被官府搜捕的著名黨人張儉，事情敗露後又與兄爭死，名震遠近，成為不少人推重、景仰的偶像。開始做司徒楊賜的屬官，後為虎賁中郎將，因觸忤董卓，出為北海相。參與鎮壓黃巾起義，被擊敗。後任青州刺史，又被袁紹之子袁譚擊敗，兵士只剩下百人，箭飛如雨，孔融卻仍安坐讀書，談笑自若。城破後獨自逃走，妻子兒女卻都當了俘虜。

孔融自以為智慧超群，才能卓異，當世豪俊都不如他，常以安邦定國為己任，但志大才疏，華而不實，從未辦成過什麼大事。來到許都後，每逢朝會，引經據典，議論縱橫，滿朝公卿大夫都成了陪襯，但不識時務，所提建議往往脫離實際。不過孔融在當時士大夫中確實享有很大名聲，他來到許都，投入曹操陣營，對感召和影響人才來歸起了一定積極作用。

潁川陽翟人趙儼，避亂荊州，得知曹操迎帝都許的消息後，便扶老攜弱前來投歸曹操，被曹操任命為郎陵長。

河內溫人司馬朗，字伯達，司馬懿之兄，聰敏多識見。原為董卓所留，朗料定董卓必敗亡，用財物買通董卓身邊的人，請求回到鄉里。曹操都許後，徵召他為司空掾屬。

故太尉楊彪之子楊修，字德祖，博學能文，才思敏捷，在建安中被舉為孝廉，接著被任命為郎中。

曹操雖有獻帝在許的有利條件，但他並不是消極地等待人才上門，而是千方百計主動尋求，並發動部屬積極推薦。荀彧在這方面發揮了很大作用。有一次曹操問荀彧：「你看，有誰還能代替你為我出謀劃策呢？」

荀彧聽了，便向曹操推薦了荀攸、郭嘉兩個足智多謀的年輕人。

荀攸，字公達，荀彧的侄子。何進當權時，被任為黃門侍郎。董卓亂起，曾謀刺董卓，事敗下獄。董卓死後獲釋，棄官歸家。後被任為任城相，辭不就。由於蜀漢險固，人物殷盛，請求擔任蜀郡太守，卻因道路阻隔，一時無法赴任，被羈留荊州。荀彧向曹操推薦後，曹操立即給荀攸寫了一封信說：「方今天下大亂，智士勞心之時也。而顧觀變蜀漢，不已久乎！」意思是說當今天下大亂，正是才智之士發揮作用的時候，而你卻在那裏坐等蜀漢的變化，時間不是要拖得太久了嗎？

荀攸接信後，覺得曹操說得有理，於是立即動身趕赴許都，曹操任命他為汝南太守，後又調來朝中任尚書。曹操與之接談，感到他確實很有才能，非常高興，對荀彧等人說：「公達確實是一個不平凡的人。我能有機會同他商議大事，治理天下還有什麼可憂慮的呢？」

於是改任荀攸為軍師，留在身邊隨時請教。

郭嘉，字奉孝，潁川陽翟人。最初追隨袁紹，見袁紹不知用人，做事抓不住要領，喜歡謀劃卻又下不了決斷，很難辦成大事，於是便離開了袁紹。在這之前，潁川人戲志才很有才能，荀彧推薦他給曹操當謀士，曹操很器重他，但不幸早死，於是曹操給荀彧寫了一封信：「自志才亡後，莫可與計事者。汝潁固多奇士，誰可以續之？」

「汝潁」，指汝南、潁川兩郡，均屬豫州。荀彧得信後，便推薦了郭嘉。曹操召見郭嘉，同他縱論天下大事，發現他見解不凡，非常高興，事後便對人稱讚說：「能夠幫助我成就大業的，必定是這個人！」

郭嘉見過曹操，也很高興，事後對人感歎說：「曹公真是值得我侍奉的主人啊！」

曹操當即任命郭嘉為司空軍謀祭酒，留在身邊參謀軍事。

此外，荀彧還向曹操推薦了鍾繇、杜襲等人。鍾繇原在朝任黃門侍郎，曹操通使長安時，曾為曹操出過力。後隨獻帝東遷許都。此前荀彧就曾多次對曹操提起過鍾繇，鍾繇到許都後，曹操即任命他為御史中丞。不久，改任侍中、尚書僕射，做了尚書令荀彧的副手。杜襲，字子緒，穎川定陵人。避亂荊州，劉表待以賓客之禮，但杜襲認為劉表不是能夠撥亂的人物，因而南去長沙，不久逃歸鄉里，曹操得知後徵召他為西鄂長。這些人對曹操戰勝對手、統一中原的事業，都做出了各自的貢獻。

曹操隨著權力加大，人才日多，更不吝惜官爵。建安二十年九月，他獲得了「承制封拜諸侯守相」之權，可以用獻帝的名義直接封侯、任命郡守國相。

十月，曹操專門設置六等七十級爵位獎賞立功的將吏：名號侯十八級，關中侯十七級，皆金印紫綬；關外侯十六級，銅印龜紐墨綬；五大夫十五級，銅印環紐墨綬，皆不食租；原為列侯的縣、鄉、亭三級；關內侯。這樣，幾乎所有從軍從政之人都有機會得到與其功績相應的爵位和食邑。曹操授官封爵的活動是經常進行的。規模較大的有四次：建安十二年「大封功臣二十餘人，皆為列侯，其餘各依次受封」；十三年九月，「論荊州服從之功，侯者十五人」；二十年九月，封戎人首領杜獲、朴胡等為列侯；二十年十一月，封張魯等人為列侯。

曹操通過「賣官爵」，使「賢人不愛其謀，群士不遺其力」，效果十分顯著。他「失去」的是官位爵祿，得到的是政權、土地和人口，而政權的鞏固和統治區域的擴大又可提供更多的官爵，吸引更多渴求富貴名利的賢才為之效力，推動統一大業的實現。

2・改革吏制最顯吸附力

研究三國人物，必須承認這樣一個事實：三國人物雖眾，但他們的活動，是圍繞著三國創立者的所作所為這個主線而展開的，在三國創立者的身上，集中閃現著三國各類人才的影子。三國的創立者，曹操、劉備和孫權，他們都意識到，在激烈的競爭中，誰能夠吸附、挖掘和重用大批文武人才，誰就會壓倒別人，站穩腳跟，發展自己。因此，他們對人才的競爭和使用，具有共同的鮮明時代特徵，又有許多不同之點。劉備是採用彬彬有禮的辦法招納賢才加以利用；而孫權則在休戚與共中推心厚待。說白了他們都是強調運用感情的方法招攬人才。而曹操則不同，他不僅運用感情，更加注重實利，也就是前文所說的「重賞驅動」。相比較而言，曹操的手段更有威力。曹操之所以能把重賞驅動發揮的淋漓盡致，這與他的性格有關，只有像曹操這樣敢於大刀闊斧地改革者，才敢從革新吏制入手，為「重賞驅動」治人攏心創造條件。

曹操的第一謀士是荀彧，曹操稱荀彧是「吾子房也」。這位被曹操看作是輔佐劉邦打天下的張良式人物，原是袁紹部下，是他自己主動棄袁投曹的。孫權的第一謀士是張昭，孫權「待張昭以師傅之禮」，張昭是個扶孫權上馬之人，他是孫權從父兄班底中繼承下來的。劉備的第一謀士是諸葛亮，用劉備的話講，二人的關係是「猶魚之有水」，而這位大名鼎鼎的孔明，是劉備三顧茅廬，費了好大勁親自請來的。請，反映了真正的人才是難得的；繼，說明了用人者和被用的人，一旦建立了共同的事業，是不會輕易離異的；而投，則更突出反映了人才的渴求舉動。

三國脫胎於漢末，漢朝的創立者劉邦自己承認不如蕭何、張良、韓信這三個人，但他能用這三傑，所以得了天下。他的兒孫兩輩在用人這方面均有建樹。可是幾代之後，漢朝的統治者便進入了歷代王朝不可避免的怪圈，由進取變為保守，政治上包括用人制度走向了腐朽。到了漢中後期，當官只有兩條路，一條是死讀經書，詳細注解，所謂「明經取仕」；一條是委當孝子，爭取「舉孝廉」，得到一官半職。久而久之，在死讀書的隊伍中，越來越多地出現了書呆子，在「舉孝廉」的隊伍中，越來越多地產生了欺世盜名的騙子。名門士族和徒有其名的人，壟斷吏制與人事大權，而真正有才幹的人豈能不受壓制和被埋沒？曹操對此深有體會，看得真切，他一登上政治舞臺，便抱定了「任天下之智力」的決心，衝破阻力，一步步地推開了改革吏制的方針。

曹操的吏制改革有一個突出特點，即：既重廣泛製造輿論，更重實際行動。用今天的話講，叫做理論與實踐相結合。在他的政治、軍事生涯前期，側重的是實際行動，不管出身貴賤，不計與己親疏，不問歷史上有何污點，也不在乎是罵我，還是捧我，只要有本事、有作為，便千方百計爭取過來、利用起來，相容並蓄，不拘一格。在他的中後期，側重的是運用手中的權力，靠強大的輿論感召，吸引各類人才。他一生中，以官方文告的形式，鄭重其事地先後下達了三次「求賢令」。

有識之才，聽曹操所言，更觀其行，做出判斷，認定曹操確是能幹大事業的人，便紛紛湧進曹營。曹營很快出現了文有謀臣、武有猛將、翼衛左右、共同圖起的局面。對比起來，孫權、劉備集團也各有一大批能征善戰、運籌帷幄的武將文臣，但從人才整體上看，都少於和弱於曹操集團。劉備和孫權在選人和用人上，也都打破了不少世俗偏見，但論改革的膽略和措施，遠遠遜於曹操。得人才者得天下，由於曹操得人多，所以在天下三分中取得了有其二的版圖。

曹操在幹部人事上，敢於改別人不敢改之弊，敢於講別人不敢講之言，經幾十年的努力，取得了很大成績，也積累了豐富的經驗。他死後，他的兒子曹丕稱帝，將這些經驗規範為「九品中正」制度，將官員劃分為「上上、上中、上下、中上、中中、中下、下上、下中、下下」九個品級，每個品級官員由地方向中央推薦。

從制度本身看，這個九品分類和由下向上逐級推薦任用的規定，是選擇官員的一大創造，是進步的。制度是由人制定並執行的，制度再好，執行人壞了，好制度也會變成壞制度。曹丕私心過重，氣量過小，制度一出臺，他就藉公售奸，上有所好，下有所學，各級在執行中很快就走了樣，使士族名門壟斷吏制的局面再度出現，導致了對曹操吏制改革成果的否定，也埋下了魏國政權中途改姓的種子。事實雄辯地證明：歷史變革時期，人們渴求除舊佈新，誰推行的政治路線進步，誰的幹部路線更得人心，各種優秀人才就會雨後春筍般地湧現並向他圍攏過去。吏制改革最解放人才，也最能治人攏心。

3．功不可獨貪，賞不可獨享

建安十二年（西元二〇七年），曹操在大封功臣的《封功臣令》中說：「從我起義兵討伐叛亂，到現在已經有十九年了。每戰必勝，難道是我個人的功勞嗎？這是文武官員獻策出力的結果啊！天下還沒有完全平定，我還要和文武官員一起去平定；若獨自佔有這些功勞，我怎能安心呢？現在要趕快給大家評定功勞，進行封賞。」

在這個令文中，曹操認識到從起兵討伐董卓到現在的十九年所取得的節節勝利並不是靠他一個人的力量，而是靠眾多謀士、武將們共同努力的結果，未來的統一大業，還需要靠大家的共同奮鬥。功勞不能自己獨貪，要由大家分享。因此，論功分別封賞了很多文武官員。

的確，對部屬的功勞，曹操始終能給予充分肯定，不隨意抹煞，不獨吞勝利果實，不貪天之功據為己有。這種謙遜和坦誠在為將士請功的表文中，有著更為突出的表現。如《請爵荀彧表》：「臣自始舉義兵，周遊征伐，與彧戮力同心，左右王略，發言授策，無施不效。彧之功業，臣由以濟，用披浮雲，顯光日月。陛下幸許，左右機近，忠恪祗順，如履薄冰，研精極銳，以撫庶事。天下之定，彧之功也。」

又說：「守尚書令荀彧，自在臣營，參同計劃，周旋征伐，每皆克捷，奇策密謀，悉皆共決。及彧在台，常私書往來，大小同策。《詩》美腹心，《傳》貴廟勝，勳業之定，彧之功也。」

曹操認為自己舉義兵以來，與荀彧同心合力，為朝廷謀劃，所提出的建議施行起來沒有不成功的。每次取得勝利，所運用的奇妙機密的計謀都是同荀彧共同決定下來的。由於荀彧的功業，自己才獲得了成功，國家也才有了建樹。如此傾心推捐，確實是難能可貴的。

上述表文寫於建安八年（西元二〇三年），當時袁紹已死，袁譚、袁尚不和，又屢敗於曹操，曹操收定河北已是指日可待的事情了。曹操感激荀彧所做出的貢獻，表封荀彧為萬歲亭侯。荀彧認為自己沒有立過戰功，把曹操的上表壓了下來，曹操又給荀彧寫信勸導，荀彧這才接受下來。

建安十二年（西元二〇七年），曹操再次獎勵荀彧，寫了《請增封荀彧表》：「昔袁紹作逆，連兵官渡。時眾寡糧單，圖欲還許。尚書令荀彧，深建宜住之便，遠恢進討之略，起發臣心，革易愚慮，堅營固守，徼其軍實；遂摧撲大寇，濟危以安。紹既破敗，臣糧亦盡，將捨河北之規，改就荊南之策。或復備陳得失，用移臣議，故得反旆冀土，克平四州。向使臣退軍官渡，紹必鼓行而前，敵人懷利從自百，臣眾怯沮以喪氣，有必敗之形，無一捷之勢。復若南征劉表，委棄兗、豫，饑軍深入，逾越江、沔，利既難要，將失本據。而彧建二策，以亡為存，以禍為福，謀殊功異，臣所不及。」

歷述荀彧在官渡之戰中和官渡之戰後所提出的兩次重要建議，如數家珍。曹操認為，如果荀彧不提出在官渡堅持下去的建議，而從官渡撤兵，袁紹必定鳴鼓進攻，我軍則必然十氣沮喪，這樣就會必然失敗。如果荀彧不提出回師河北的建議，就不可能取得平定四州的勝利，而以饑餓之師南進，不僅得不到什麼好處，相反連兗、豫二州也有丟掉的可能。荀彧的建議確實關係全局，非常重要，難得的是曹操能夠予以充分認識和肯定，並在此基礎上，進而得出荀彧「謀殊功異，臣所不及」的結論。作為一個控御朝政、雄圖大略的統帥，敢於承認自己的謀略和功勞比不上臣屬，這確實是非同尋常的。

曹操上表增封後，荀彧堅決辭讓，曹操又寫一封信給他：「君之策謀，非但所表二事。前後謙沖，欲慕魯連先生乎？此聖人達節者所不貴也。昔介子推有言：『竊人之財猶謂之盜。』況君密謀安眾，光顯於孤者以百數乎！以二事相還而復辭之，何取謙亮之多邪！」說荀彧所貢獻的計謀並不只封表中所說的兩次，而是有很多次，因為這些計謀，使他獲得了百多次的榮耀，因而要表奏兩件事來予以報答。言辭懇切，發於肺腑。

荀彧推不過，這才接受了增封。曹操還想表薦荀彧為三公，荀彧讓荀攸出面堅決辭讓，前後達十餘次，曹操這才打消了念頭。

不僅對荀彧如此，對其他有功之臣也往往如此。如認為荀攸自到他身邊以來，沒有哪一次戰役不跟隨著他，前後多次戰勝敵人，都是荀攸的計謀，對荀攸的功勞作了高度肯定。又《請追增郭嘉封邑表》云：「軍祭酒郭嘉，自從征伐，十有一年。每有大議，臨敵制變，臣策未決，嘉輒成之。平定大下，謀功為高。」又說：「且今日所以免戾，嘉與其功。」說每有重大的決策，自己主意還沒拿定，而郭嘉已經拿出成熟的意見了；自己現在能夠不出差錯，免於獲罪，郭嘉是有功勞的。可見，加官進爵，表彰行賞，是善用人者之通策。厚待有功之人，才能激發將士的立功之心。

又比如，曹操東征徐州的時候，後方發生了陳留太守張邈與陳宮等人的反叛，許多郡縣並紛紛回應，其間，多虧荀彧和程昱的全力謀劃和斡旋，才保住了鄄城、范城和東阿三城的穩定形勢，沒有反叛。這樣，三城終於成為曹操極為珍貴的一塊根據地，程昱等人立了大功。面對這樣的功臣，曹操回來後，拉著程昱的手說：「如果不是你盡了全力，我就沒有歸宿了。」於是任命程昱為東平相，屯守范城。

當孫權要偷襲劉備的荊州的時候，關羽大軍正圍困著曹軍控制的襄陽、樊城。其間曹操對徐晃、曹仁等解困樊城之功也給予了高度的讚揚。那時，曹操一面派人到前線將孫權偷襲荊州之事透露出去，一面準備親自從洛陽去襄、樊救援曹仁，屬下也多認為他應該速行，以免樊城失守。可是侍中桓階有不同看法。他問曹操：「大王認為曹仁他們能否相機獨當一面，處置好守城之事？」曹操回答說：「能。」桓階又問：「大王或許擔心曹仁、呂常他們不肯努力作戰吧？」曹操又回答說：「不。」桓階再說：「那麼為什麼您要親自帶兵前往救援呢？」曹操回答說：「我只不過擔心關羽的軍隊太多，徐晃等人難以對付罷了。」桓階最後表態說：「現在曹仁他們身處重圍當中，而能夠無二心地把城池死守下來，是因為大王掌握重兵在後方做他們的靠山。身處萬死之地，必有死爭之心；內懷死爭之心，外有強兵之救，何必擔心他們失敗而要親自前往呢？」

曹操覺得桓階的話有道理，統兵進至摩陂便停留下來。同時又派殷署、朱蓋等前去支援徐晃。

各路援軍會師之後，徐晃趁關羽舉棋不定的時機，進兵攻擊關羽軍。關羽領兵抵抗，被曹軍打敗。當關羽退入設有十重鹿角的營寨時，徐晃趁勝衝入敵營，斬殺敵人很多，並且把投降關羽的荊州刺史胡修、南鄉太守傅方給殺死了。關羽損失慘重，只好撤了樊城之圍。

曹操得知這一勝利的消息，立即下令嘉獎徐晃說：「敵人圍繞營壘挖了壕溝，樹立了十層鹿角，將軍與敵人交戰獲得全勝，就突進敵營；斬殺和俘虜了很多敵人。我用兵三十多年，以及聽到古代善於用兵的人，沒有這樣長驅直入敵人營寨的，況且樊城、襄陽被圍的嚴重情況超過被燕人圍困的莒和即墨，將軍的功勞超過了孫武和司馬穰苴。」

莒和即墨都是春秋時齊國的城邑。燕國大將樂毅攻齊，連下七十餘城，在圍攻莒和即墨時，齊將田單率眾堅守，始終未被攻下。孫武和司馬穰苴都是春秋時期的軍事家。孫武被吳王用為將軍，先後打敗過楚、齊、晉等國，使吳一時稱霸於諸侯，著有《孫子兵法》。司馬穰苴為齊將，打敗過燕、晉軍隊，收復失地，也深通兵法。曹操把徐晃與孫武、司馬穰苴相比，是對他的戰功給予了高度評價。

不僅如此，徐晃大敗關羽後，後來曹操還在摩陂舉行慶功大會。徐晃率軍前往，曹操親自到七里之外迎接。席間，曹操親自給徐晃敬酒，並稱讚他說：「保全樊城、襄陽，都是將軍的功勞啊！」

曹操還厚賜桓階，任他為尚書。

接著，曹操在摩陂巡視各營，不少營中的士兵離開營陣觀望。當他來到徐晃營中時，見軍營整齊，秩序井然，將士堅守崗位，無一人亂走亂動。曹操又誇獎徐晃說：「徐將軍真可謂有周亞夫的遺風啊！」周亞夫為西漢時著名將領，他治軍嚴謹，文帝到他的細柳營勞軍，稱讚他為「真將軍」。

三國時的主要統御者大都能夠做到厚待功臣這一點。在曹操舉行慶功大會，厚獎功臣時，孫權在公安也召開慶功大會，佔據江陵並戰敗關羽，奪得荊州要地居首功的呂蒙因病謝絕出席。孫權說：「擒殺關羽，收得荊州，靠的是子明（呂蒙字子明）的謀略呀！現在大功告成，慶賀賞賜還未進行，怎麼能不來呢？」於是派官員去迎接。呂蒙只好帶病出席。慶功大會開過之後，他便一病不起，還沒來得及接受正式封賞就死去了。

關羽被殺不久，孫權派人把他的首級送給曹操，以表示對曹操的歸附之意，同時也是為了引起劉備對曹操的不滿。曹操收到關羽的人頭，馬上下令照關羽的身材雕刻一個木頭身子，穿上壽衣，和人頭連在一起，以諸侯之禮安葬在洛陽城南。為了表彰孫權的功勞，曹操以其為驃騎將軍，領荊州牧，封南昌侯。

曹操功不可獨貪、賞不可獨享另一個方面表現為，有些人不慕名利，不貪封賞，還有些人頗有骨氣，不媚權貴。對前者，曹操則儘量勸說，使其受賞。對於後者，曹操則委以重任。

馬超投奔張魯後，覺得難與張魯長期共事，又遭張魯左右的讒毀，內心常常不快，不久便到成都投歸了劉備，後來死在蜀國。打敗馬超後，曹操大封功臣，有十一人被封侯，其中楊阜被賜爵關內侯。楊阜上書辭讓，曹操給他寫了一封信，勸阻說：「君與群賢共建大功，西土之人以為美談。子貢辭賞，仲尼謂之止善，君其剖心以順國命。姜敘之母，勸敘早發，明智乃爾。雖楊敞之妻，蓋不過此，賢哉賢哉！良史記錄，必不墜於地矣。」

「止善」，謂阻止別人做好事。《說苑》載，魯國法令規定，魯國人從諸侯國贖回奴隸，可以到政府把贖錢領回。孔子的弟子子貢從諸侯國贖回奴隸，卻不要報酬。孔子知道了這件事，就說：「子貢是不對的，以後魯國人就不會再贖回奴隸了。」楊敞之妻，為西漢司馬遷的女兒，嫁給楊敞。大將軍霍光謀廢昌邑王，派大司農田延年通知楊敞，楊敞不知所措，其妻代他向田延年做了堅決奉行大將軍號令的表示。曹操要楊阜誠心誠意地服從國家命令，接受封爵，不要學子貢；對姜敘母親的膽識氣節也做了高度評價，並表示這些事情都會被史官記錄，傳之久遠。楊阜讀了回信，也就不再推讓。

這期間，平虜將軍劉勳因犯法被處死，抄家時搜出一封河東太守杜畿的信。劉勳原被曹操寵信，貴震朝廷。他向杜畿索取河東特產大棗，杜畿回信託故拒絕。曹操得知這事後，對杜畿不媚權貴的做法大為讚賞。

建安十八年（西元二一三年）十一月，曹操任命杜畿為魏國尚書。但關中平定後，還有個如何鞏固的問題，進取漢中的軍事行動也即將提上議事日程，河東的地位和作用仍不可忽視。

曹操於是決定仍由杜畿留鎮河東，並專門為此下了一道手令：「昔蕭何定關中，寇恂平河內，卿有其功。間將授卿以納言之職，顧念河東，吾股肱郡，充實之所，足以制天下，故且煩卿臥鎮之。」

「納言」為古代負責傳達天子命令的官名，後以稱尚書。「臥鎮」，謂借重杜畿的威望來鎮守。西漢武帝時汲黯任東海太守，經常病臥室內，但該郡卻治理得很好。後召他為淮陽太守，他以病辭，武帝說：「我只想借重你的威望，讓你躺著治理淮陽。」

曹操認為杜畿建有蕭何安定關中、寇恂平定河內那樣的功勞，因此要把像大腿胳膊那樣重要、富足殷實、憑藉它足可制服天下的河東郡交給他繼續治理。杜畿沒有辜負曹操的厚望，後來曹操征漢中時，杜畿派遣五千人運送軍糧，由於工作做得細緻，運糧的人互相勉勵說：「人生有一死，不可負我府君。」竟沒有一人逃亡，圓滿地完成了支援前線的任務。

4．「謀為賞本」，突出重點

曹操在重賞有功之臣方面還有一些十分可貴的長處，就是他知道哪些人是該「封賞」的重點，也就是說，他知道哪類人貢獻更大。特別是他的標準與一般人不同，他認為衝鋒陷陣、立有戰功的武士應該有賞。但是，出謀劃策者更應該受重賞。

曹操在為他手下的大謀士兼文人荀彧記功，荀彧以沒有參加野戰為由而辭讓時，曹操說過一句很有見地的話：「謀為賞本，功未必皆野戰也。」這說明，在曹操的眼裏，文臣們雖不善衝鋒陷陣，但他們手中的筆並不比刀槍的分量差。思想上對文士的重視，必然導致政治上對文士的重用。曹操對籠納到營中的文人，盡可能地委任合適的職務，以充分發揮他們的專長。「七子」中的佼佼者王粲，在劉表那裏待了十五年，只因其貌不揚，不被重用。劉表死，王粲說服了劉表的兒子劉琮，舉軍歸向曹操。曹操立即辟王粲「為丞相掾，賜爵關內侯」，時間不長，又提升為「軍祭酒」。曹操建立了魏國，進一步拜王粲為「侍中」。

漢高祖劉邦也同樣懂得「謀為賞本」的道理，所以他把蕭何當作漢朝開國第一功臣。蕭何在劉邦謀略集團中首屈一指，不論是在豐沛起義之時，還是在楚漢戰爭之中，以及在大漢王朝建立以後的守成時期，他都起著舉足輕重的作用。他執任丞相期間的政治活動，更是深深影響了漢初的歷史，為大漢王朝奠定了政治體系框架的初基。

漢元年（西元前二〇六年）十月，劉邦十萬大軍攻佔關中，秦王子嬰在積道旁束手投降，秦王朝宣告滅亡。起義軍浩浩蕩蕩開進秦朝首都咸陽以後，將士兵卒紛紛跑到府庫掠取金帛財物，全軍上下沉浸在勝利的歡騰之中。但是，蕭何卻對金銀財物不屑一顧，而是帶著他手下的官吏悄悄地進入丞相府，認真清點接收所保存的秦朝法律文書和各種檔案材料。這一舉動充分顯示了蕭何超過其他將領臣僚的遠見卓識。以後，「漢王所以具知天下阨塞，戶口多少，強弱之處，民所疾苦者，以何具得秦圖書也。」

很明顯，當其時，將領士卒們所陶醉的是已經取得的勝利的喜悅，所看到的是眼前的金銀財寶，追求的是生活上的享受。而蕭何所想到的則是全國的山川形勢，各地的土地、戶口、物產以及百姓的疾苦，未來大漢皇朝的統一大業和建國規模，以及思謀即將到來的艱苦鬥爭和國家機器的運轉。蕭何作為縣吏的行政實踐，不僅鍛鍊了他的才能，而且大大開闊了他的眼界，為他以後步入高層決策機構奠定了良好的基礎。進入咸陽後的這一舉動，已經顯露出蕭何作為大漢皇朝未來宰相的胸襟、氣質和視野。蕭何是個奇才，劉邦曾歎道：「鎮國家，撫百姓，給饋餉，不絕糧道，吾不如蕭何。」但是，劉邦仍然重用他，並能應用得體，使蕭何如魚得水，能夠大展才華。

漢元年十二月，正當劉邦起義軍上下沉醉在打下咸陽的歡悅中時，項羽的四十萬大軍攻下劉邦據守的函谷關，打進關中，並且殺掉子嬰，火燒阿房宮，掠取秦宮中寶貨、婦女。接著又裂地分封，把劉邦封為漢王，驅之漢中山坳。面對項羽違約食言，以勢壓人的蠻橫行徑，劉邦氣紅了眼睛，準備立即同項羽決一死戰。周勃、樊噲、灌嬰等人極力相勸，劉邦仍然餘怒未息，堅持己見。這時，蕭何嚴肅地說：「雖王漢中之惡，不猶越於死乎？」這一發問，切中了劉邦的要害，使他從盛怒中清醒過來。他忙問蕭何：「何為乃死也？」

蕭何以深造的戰略眼光冷靜精闢地分析了當時的形勢，指出：「今眾弗如，百戰百敗，不死何為？《周書》曰：『天予不取，反受其咎。』語曰『天漢』，其稱甚美。夫能詘於一人之下，而信於萬乘之上者，湯武是也。臣願大王王漢中，養其民以致賢人，收用巴蜀，還定三秦，天下可圖也。」建議劉邦接受項羽的分封，藉助漢中獨特的地理優勢發展自己。在這裏，蕭何所提出的「養其民以致賢人」的政治措施，「收用巴蜀，還定三秦」的軍事策略，實際上是為劉邦確立的即將開始的楚漢戰爭的基本政策，並預示了楚漢戰爭的基本進程。

十分明顯，在當時楚強漢弱的情況下，如果劉邦只圖一時之快，硬拼一氣，其後果是很危險的，甚至導致滅頂之災。惟一正確的途徑就是接受分封，保存力量，尋找有利時機再行決戰。蕭何正確的分析，切中了要害，使劉邦接受了他的建議。劉邦在宣布就漢王之位的同時，任命蕭何為丞相，成為漢政權的行政首腦。

劉邦進駐漢中後，抓緊進行「還定三秦」的謀劃。蕭何實施的第一項工作就是「留收巴蜀，填撫諭告，使給軍食」。接收巴蜀，將其納入漢王的行政系統，使巴蜀與漢中連成一片，這就為劉邦進攻項羽建立了鞏固而穩定的戰略後方。

在長達四年之久的楚漢戰爭中，蕭何以丞相留守漢中，坐鎮後方，以卓有成效的工作，精心經營以保證兵員和軍需物資的充足供應，為劉邦打敗項羽、奪取戰爭的最後勝利建立了不可磨滅的功勳。他全力經營漢中、巴蜀，使其作為鞏固的根據地，並制定了各種規章制度，建立宗廟、社稷、宮室、縣邑，穩定了後方秩序，使社會生產與社會生活都走上了正常有序的軌道，為劉邦創造了一個可以信賴和依靠的後方基地。

蕭何在為劉邦募集兵員的同時，尤其注重從戰爭的需要出發，為劉邦物色謀略出眾、智勇超群的軍事人才。蕭何發現韓信是一個出類拔萃的帥才，便積極向劉邦舉薦，他說：「諸將易得耳，至如信者，國士無雙。王必欲長王漢中，無所事信；必欲爭天下，非信無所與計事者，顧王策安所決耳。」並進一步告訴劉邦：「王計必欲東，能用信，信即留；不能用，信終亡耳。」

劉邦聽後擬起用韓信為將軍。蕭何又建議委任其為大將軍，並且必須舉行隆重的儀式。劉邦採納了蕭何的建議，於是設壇拜將。這便是歷史上世代傳為美談的「蕭何月夜追韓信」和「韓信拜帥」的故事。這個故事，把蕭何的知人之明、薦賢之切，劉邦的坦誠率直、從諫如流，尤其是愛才至深、用才之膽，都表現得淋漓盡致。後來楚漢戰爭的歷史進程表明，破格重用韓信是非常正確的決策。

在劉邦的謀略集團中，蕭何的地位十分顯赫，深得劉邦的信任。劉邦非常尊重蕭何的意見和對各項工作的安排和調度，諸凡後方的軍國大事的處置，事先報告的，劉邦一律批准，事後補報的，劉邦也給予認可。在楚漢戰爭激烈進行的非常時期，劉邦特給蕭何以「便宜施行」的權力，他便獨立自主正確用權，創造性地開展工作，大大地提高了工作效能。戰爭中，劉邦幾次面臨全軍覆沒，之所以能改變戰局，全賴蕭何在後方的積極籌措，使前線兵員和軍資及時有效地得到了補充，從而轉危為安，又重新振作起來。

蕭何功高蓋世。漢元年十二月，登上皇帝寶座的劉邦，首先封他為酇侯，食邑八千戶，位次定為第一。同時又賜予他「帶劍履上殿，入朝不趨」的殊榮。蕭何作為漢朝帝國的第一位丞相，勤奮不懈，功勳卓著。他的政治生涯與劉邦相始終，對劉邦及其創建的漢皇朝忠貞不渝；對國家大政方針的制定和運作盡心盡力。他功高而不蓋主，權大而構不成威脅，所以劉邦對他的信任經久不衰，這一點來看，他的下場比荀彧要強。

5・恩威並施，賞要與罰相結合

要發揮出重賞驅動的威力有兩個重要方面，一個就是要把賞與罰結合結來，另一個是要恩威並施，注重感情因素的運用。

首先，要賞罰結合，否則就是孫子所說：「厚而不能使，愛而不能令，譬若驕子，不可用也。」因此，必須「令之以文，齊之以武」。正如晉代傅玄在《傅子・治體》中所說：「治國有二柄，一曰賞，二曰罰。賞者，政之大德也。罰者，政之大威也。」告訴人們治理國家有兩個是最基本的東西，一個是通過獎賞來激勵百官，體現當政者的大德；另一個是通過懲罰來約束百官，體現當政者的威嚴，這兩者都是控制人的手段。

曹操就十分注重明賞罰。宛城一戰，曹操大敗。事後他深刻地總結了經驗教訓，認為失敗的主要原因在於自己平時放鬆對軍隊的嚴格管理，致使執法不嚴，軍心渙散，士卒不知有法，臨陣渙散。為此，他重新制定了一套行軍作戰紀律。

事實上，曹操歷來堅持有功即賞，有罪即罰。當十八路諸侯共討董卓時，董卓的勇將華雄連斬聯軍數員大將，諸侯中無人可敵。此時，尚為平原縣令劉備手下一名馬弓手的關羽挺身請戰。袁術當即怒斥，命人趕出。而曹操卻說：「此人既出大言，必有勇略，試教出馬，如其不勝，責之未遲。」結果，關羽片刻間便提華雄之頭來見，這就是有名的「溫酒斬華雄」。袁術對此大怒：「量一縣令手下小卒，安敢在此耀武揚威！都與趕出帳去！」曹操卻反駁：「得功者賞，何計貴賤！」

大功大賞則是曹操行賞罰的一大特色，曹操獎賞張遼在天柱山以勇破陳蘭就體現了這一點。

陳蘭、梅成據六縣反叛。曹操派于禁、臧霸去討伐梅成，張遼監督張郃、牛蓋等討伐陳蘭。梅成假意降于禁，于禁因此退兵。梅成就率領他的部下投奔陳蘭，轉入天柱山，該山山勢陡峭，高二十餘里，道路艱險狹窄，步行只能一人通過。陳蘭在山上安營，張遼想進攻，眾將說：「咱們兵少，道路艱險，不能深入攻敵。」張遼說：「咱們和他們一個對一個，正所謂勢均力敵，只有勇猛的人才能取勝。」於是在山下安營紮寨，然後進攻，殺了陳蘭、梅成，俘虜了他們的部下。曹操後來論功行賞時說：「登天山，履峻險，俘獲蘭、成，是蕩寇將軍張遼之功。」於是給張遼增加食邑，並給他持節，可在軍中先斬後奏。

個人有功獎賞個人，集體有功則慰勞全體是曹操行賞罰的又一個重要特徵。曹操率軍進入漢中郡的治所南鄭，順利接收了張魯留下的財物珍寶，對張魯的做法深表滿意。又得知張魯本有歸順之意，於是派人前去巴中慰問說服，以期早日把張魯爭取過來。

這次軍事行動，在山區行進了將近千里的路程，爬山越嶺，經歷了不少艱難險阻，但最後終於奪取了勝利。曹操非常高興，大擺宴席慰勞全軍將士，大家無不興高采烈，多日的辛勞，一下子拋到了腦後。

其次，要恩威並施，賞罰之間，更著一個情字，則不論受賞與受罰，心都將敬之服之。這樣才能感召士人心甘情願地為其馳驅效命。

曹操佔據荊州後，一一論功封賞。劉琮被任為青州刺史，封列侯。劉琮請求留在荊州，曹操於是下令，以「雖封列侯一州之位，猶恨此寵未副其人」為由，同意劉琮辭去青州刺史之職，改任他為諫議大夫參同軍事。劉表治理荊州多年，有一定根基，曹操是不可能再讓劉琮在荊州任職的。諫議大夫秩祿雖高，但並無實權，曹操對劉琮實際採取了明升暗貶的做法。

劉琮以下蒯越等十五人被封侯。蒯越，字異度，原為大將軍何進的東曹掾。勸何進誅宦官，何進猶豫不決，蒯越知其必敗出奔劉表，成為劉表的重要謀士。官渡之戰時，劉表持觀望態度，蒯越曾勸劉表歸附曹操，劉表不聽。曹操早想得到蒯越，平定荊州後，即任蒯越為光祿勳，並給荀彧去了一封信，說：「不喜得荊州，喜得蒯異度耳。」表達了自己得到蒯越後異常興奮的心情。

荊州名士韓嵩也得到了重用。韓嵩字德高，官渡之戰時也曾勸劉表歸附曹操。劉表拿不定主意，決定派韓嵩先到曹操那裏去探聽一下虛實。韓嵩推辭說：「將軍如打算歸附曹公，派我前去可以。如果還在猶豫，就最好不要派我去。因我到許都後，如天子給我一官半職，我推辭不掉，我就成了朝廷的臣子，對將軍來說就成了故吏了。到那時，就不能再為將軍效力了。希望將軍慎重考慮才是。」

但劉表仍堅持要韓嵩去，韓嵩只得遵命。到許都後，韓嵩果然被任命為侍中、零陵太守。韓嵩回到荊州，對朝廷和曹操讚不絕口，並勸劉表把兒子送到許都去做人質。劉表勃然大怒，認為韓嵩背叛了自己，要將韓嵩斬首。韓嵩鎮定自若，對劉表說：「是將軍辜負了韓嵩，韓嵩沒有辜負將軍！」

接著將臨行時說的一番話複述了一遍。劉表仍然怒氣未消，但因韓嵩說得在理，妻子蔡氏又出面替韓嵩說情，只得將韓嵩囚禁起來了事。曹操到荊州後，立即把韓嵩從監獄中釋放出來。當時韓嵩正在生病，曹操就在其住處將大鴻臚的印綬授給他，把他當成至交好友對待。曹操還請韓嵩品評荊州士人的優劣，凡韓嵩推舉的一律予以任用。曹操同時重用了大將文聘。文聘，字仲業，原為劉表的大將，劉表讓他北擊曹操。劉琮投降時，文聘不肯跟他一起投降，說：「我不能保全荊州，只有等著懲罰而已！」曹操渡過漢水後，他才前來投附。曹操問他：「您怎麼來得這麼晚呢？」

文聘回答：「早先我不能輔佐劉荊州（劉表），以致使荊州丟失。荊州雖已丟失，但我還想據守漢水，這樣活著可以不負於孤弱，死了可以無愧於死者。但計劃仍然難以實現，以致弄到這個地步。我內心深感悲痛和慚愧，沒有臉面早來見您。」

曹操聽了，不禁為之動容，說：「仲業，您真是一個忠臣啊！」於是仍將兵權交給文聘，讓他去追擊劉備。平定荊州後，因江夏與孫吳接壤，民心不安定，又讓文聘擔任江夏太守，並賜爵關內侯。

汝南王儁，年輕時同曹操交好，後避居武陵。獻帝都許後，征為尚書，不就。劉表見袁紹強大，私下與之往來，王儁曾加以勸阻。後死於武陵，曹操得知消息之後十分悲傷。平定荊州後，曹操特地將王儁遷葬江陵，親自到江邊迎接靈柩，並上表封為先賢，表達了對亡友的緬懷之情。可見，曹操對有功之臣的封賞中是充滿了感情的，這才是他正真能治人攏心的原因。

三、直面挫折，笑出英雄本色
——自古英雄多磨難，面對重大挫折，既是對統御者意志品質的考驗，更是對其治人攏心能力的考驗。

歷史上大凡成就事業的英雄、偉人，沒有一個是一帆風順的，都是經過無數次挫折和失敗才告成功的。作為一個統御者，不僅要能經得起順境和勝利的考驗，更重要的是能經得起挫折和失敗的考驗。在這重大挫折和失敗面前，曹操就顯出英雄的大度。他不僅勸導部屬面對現實，牢記勝敗乃兵家常事的道理，而且自己在面臨敵軍圍追堵截的險惡困境中，置生死於度外，開懷大笑，起到了凝聚軍心和振奮人心的作用。

1．成也英雄，敗也英雄

曹操就是一個敗也英雄，成亦英雄的典型人物。這種統御者應具有的意志和品格，在他兵敗赤壁後三次開懷大笑表現的最為淋漓盡致。

赤壁之戰是確立魏、吳、蜀三國鼎立政治格局的關鍵一戰。在這場生死攸關的大戰中，以孫權、劉備聯軍為一方，以曹操為一方，在長江天塹兩邊擺兵佈陣，鬥智鬥勇，進行了激烈的廝殺。結果曹操雖握有優勢兵力，卻敗給了處於劣勢的孫、劉聯軍，不僅幾十萬人馬死傷過半，連他自己也險些成了俘虜。更重要的是，這次戰敗使曹操喪失了統一中國的最後機會。其挫折不可謂不大，其失敗不可謂不慘。

演義中第五十回講——

曹操與張遼引百餘騎，在火林內走，看前面無一處不著。正走之間，毛玠救得文聘，引十數騎到。操令軍尋路。張遼指道：「只有烏林地面，空闊可走。」操徑奔烏林。正走間，背後一軍趕到，大叫：「曹賊休走！」火光中現出呂蒙旗號。操催軍馬向前，留張遼斷後，抵敵呂蒙。卻見前面火把又起，從山谷中擁出一軍，大叫：「凌統在此！」曹操肝膽皆裂。忽刺斜裏一彪軍到，大叫：「丞相休慌！徐晃在此！」彼此混戰一場，奪路望北而走。忽見一隊軍馬，屯在山坡前。徐晃出問，乃是袁紹手下降將馬延，有三千北地軍馬，列寨在彼；當夜見滿天火起，未敢轉動，恰好接著曹操。操教其將引一千軍馬開路，其餘留著護身。操得這枝生力軍馬，心中稍安。馬延飛騎前行。不到十里，喊聲起處，一彪軍出。為首一將，大呼曰：「吾乃東吳甘興霸也！」馬延正欲交鋒，早被甘寧一刀斬於馬下。後軍飛報曹操。操此時指望合肥有兵救應；不想孫權在合肥路口，望見江中火光，知是我軍得勝，便教陸遜舉火為號，太史慈見了，與陸遜合兵一處，衝殺將來。操只得望彝陵而走。路上撞見張郃，操令斷後。縱馬加鞭，走至五更，回望火光漸遠，操心方定，問曰：「此是何處？」左右曰：「此是烏林之西，宜都之北。」操見樹木叢雜，山川險峻，乃於馬上仰面大笑不止。諸將問曰：「丞相何故大笑？」操曰：「吾不笑別人，單笑周瑜無謀、諸葛亮少智。若是吾用兵之時，預先在這裏伏下一軍，如之奈何？」說猶未了，兩邊鼓聲震響，火光竟天而起，驚得曹操幾乎墜馬。刺斜裏一彪軍殺出，大叫：「我趙子龍奉軍師將令，在此等候多時了！」操教徐晃、張郃雙敵趙雲，自己冒煙突火而去。子龍不來追趕，只顧搶奪旗幟。曹操得脫。

天色微明，黑雲罩地，東南風尚不息。忽然大雨傾盆，濕透衣甲。操與軍士冒雨而行，諸軍皆有饑色。操令軍士往村落中劫掠糧食，尋覓火種。方欲造飯，後面一軍趕到。操心甚慌。原來卻是李典、許褚保護著眾謀士來到，操大喜，令軍馬且行，問：「前面是哪裏地面？」人報：「一邊是南彝陵大路，一邊是北彝陵山路。」操問：「哪裏投南郡江陵去近？」軍士稟曰：「取南彝陵過葫蘆口去最便。」操教走南彝陵。行至葫蘆口，軍皆饑餒，行走不上，馬亦困乏，多有倒於路者。操教前面暫歇。馬上有帶得鑼鍋的，也有村中掠得糧米的，便就山邊揀乾處埋鍋造飯，割馬肉燒吃。盡皆脫去濕衣，於風頭吹曬；馬皆摘鞍野放，嚥咬草根。操坐於疏林之下，仰面大笑。眾官問曰：「適來丞相笑周瑜、諸葛亮，引惹出趙子龍來，又折了許多人馬。如今為何又笑？」操曰：「吾笑諸葛亮、周瑜畢竟智謀不足。若是我用兵時，就這個去處，也埋伏一彪軍馬，以逸待勞；我等縱然脫得性命，也不免重傷矣。彼見不到此，我是以笑之。」正說間，前軍後軍一齊發喊。操大驚，棄甲上馬。眾軍多有不及收馬者。早見四下火煙佈合，山口一軍擺開，為首乃燕人張翼德，橫矛立馬，大叫：「操賊走哪裏去！」諸軍眾將見了張飛，盡皆膽寒。許褚騎無鞍馬來戰張飛。張遼、徐晃二將，縱馬也來夾攻。兩邊軍馬混戰做一團。操先撥馬走脫，諸將各自脫身。張飛從後趕來。操迤邐奔逃，追兵漸遠，回顧眾將多已帶傷。

正行時，軍士稟曰：「前面有兩條路，請問丞相從哪條路去？」操問：「哪條路近？」軍士曰：「大路稍平，卻遠五十餘里。小路投華容道，卻近五十餘里；只是地窄路險，坑坎難行。」操令人上山觀望，回報：「小路山邊有數處煙起；大路並無動靜。」操教前軍便走華容道小路。諸將曰：「烽煙起處，必有軍馬，何故反走這條路？」操曰：「豈不聞兵書有云：虛則實之，實則虛之。諸葛亮多謀，故使人於山僻燒煙，使我軍不敢從這條山路走，他卻伏兵於大路等著。吾料已定，偏不教中他計！」諸將皆曰：「丞相妙算，人不可及。」遂勒兵走華容道。此時人皆饑倒，馬盡困乏。焦頭爛額者扶策而行，中箭著槍者勉強而走。衣甲濕透，個個不全；軍器旗幡，紛紛不整：大半皆是彝陵道上被趕得慌，只騎得禿馬，鞍轡衣服，盡皆拋棄。正值隆冬嚴寒之時，其苦何可勝言。

操見前軍停馬不進，問是何故。回報曰：「前面山僻路小，因早晨下雨，坑塹內積水不流，泥陷馬蹄，不能前進。」操大怒，叱曰：「軍旅逢山開路，遇水疊橋，豈有泥濘不堪行之理！」傳下號令，教老弱中傷軍士在後慢行，強壯者擔土束柴，搬草運蘆，填塞道路。務要即時行動，如違令者斬。眾軍只得都下馬，就路旁砍伐竹木，填塞山路。操恐後軍來趕，令張遼、許褚、徐晃引百騎執刀在手，但遲慢者便斬之。此時軍已餓乏，眾皆倒地，操喝令人馬踐踏而行，死者不可勝數。號哭之聲，於路不絕。

操怒曰：「生死有命，何哭之有！如再哭者立斬！」三停人馬：一停落後，一停填了溝壑，一停跟隨曹操。過了險峻，路稍平坦。操回顧只有三百餘騎隨後，並無衣甲袍鎧整齊者。操催速行。眾將曰：「馬盡乏矣，只好少歇。」操曰：「趕到荊州將息未遲。」又行不到數里，操在馬上揚鞭大笑。眾將問：「丞相何又大笑？」操曰：「人皆言周瑜、諸葛亮足智多謀，以吾觀之，到底是無能之輩。若使此處伏一旅之師，吾等皆束手受縛矣。」

三次大笑，雖然表達的是對周瑜、諸葛亮的鄙視，但也反映了曹操在赤壁兵敗這樣重大的挫折和失敗面前，拿得起、放得下的大丈夫氣概。不然，按平常人的心緒，在這種狼狽不堪、生命受到嚴重威脅的情況下，是無論如何也笑不起來的。演義為了塑造曹操樂觀、堅定、自信、驕傲的性格，用了許多筆墨寫曹操兵敗赤壁的三次大笑，這裏既有虛構的成分，也有大加渲染的痕跡。但歷史上的曹操確實是一個愛說愛笑、在挫折和失敗面前持樂觀態度的人。也確實在敗走華容道時大笑過，不過笑的不是周瑜、諸葛亮，而是笑劉備不會用兵。

關於曹操的這種性格，《三國志．武帝紀》說他「任俠放蕩」，任俠的人常常是豪爽直率的。裴松之注引《傅子》又說他「佻易無威重」，意思是說他不拘禮儀，為人很隨便。他又有五霸之志，超世之才，很樂觀自信。因此，在挫折失敗面前樂觀、自信，為他的一個性格特徵。

與曹操相比，劉備就經不起挫折和失敗，尤其是經不起大的挫折和失敗。他在未得諸葛亮之前，由於還處於創業起步階段，沒有多少包袱，尚能正確對待挫折和失敗。當得諸葛亮後，多有勝績，尤其是赤壁之戰打了一個漂亮的翻身仗，喜不待言。但在猇亭遭火燒連營之敗後，心裏難以承受，悲憤憂急交加，竟然在白帝城一駐經年，羞於回成都，後又一病不起，事業未成身先死，鑄成了白帝城託孤的悲劇。

順境與逆境，平穩與挫折，成功與失敗，從來都是相輔相成的。可以說，沒有逆境就沒有順境，沒有挫折就沒有平穩，沒有失敗就沒有成功。所謂順境、平穩、成功都是相對於逆境、挫折、成功而言的。世界上沒有永遠的成功者、永遠的常勝將軍。在為事業而奮鬥的道路上，不是平坦的而是崎嶇的，總是要遇到這樣或那樣的困難，經受這樣或那樣的挫折，遭受這樣或那樣的失敗。人們常說的「失敗為成功之母」，就是從這個意義上講的。因此，要成就事業，不在於會不會遇到挫折和失敗，而在於正確認識和對待挫折和失敗。

作為一名統御者，在挫折和失敗面前，自己不但要樂觀自信，越挫越奮，而且還要以自己的行動帶動屬下，增強屬下戰勝挫折的勇氣，變失敗為成功。這是魏武振心術給我們的一個啟示。

四、人情世故，以哭勵眾人志

——哭是一種人類最平常的情感，但到了治人攏心高手那裏卻成了一種振奮人心的利器。

嬉笑哭罵不過是人類最平常的情感的外在表現，能不能把它們作為治人攏心之術，就看統御者自身的駕馭情況。運用得好可以凝聚人心，砥勵鬥志；運用得不好則可能產生內耗。

其中關鍵就在於運用的人是否人情練達，是否能針對屬下的心理特點來運用。

1·善哭者，催眾人奮進

曹操就是一個善於以哭勵眾人志的高手。曹操敗於赤壁，回到南郡，仰天大慟：「吾哭郭奉孝耳，若奉孝（郭嘉）在，絕不使吾有此大失也。」曹操為什麼哭郭嘉？有人說他的潛意識裏是痛定思痛，由戰場的敵手想到自己的年輕助手。這是有道理的。但是，常言說：「瓦罐常在井上破，將軍難免陣中亡。」跟隨曹操南征北戰死去的人多了，為什麼曹操惟獨對郭嘉的死這樣悲痛？因郭嘉是難得的人才，更重要的也是在對其他人進行變相的批評和激勵。

郭嘉自從在荀彧的推薦下進了曹營，為曹操擒呂布、料孫策、滅袁紹、平定北方，出盡了奇謀高招。用曹操稱讚他的話說：「自從征伐，十有一年。每有大議，臨敵制變。臣策未決，嘉輒成之。平定天下，功謀為高。」因此，曹操把他當作接班人來培養，實指望「奉孝最少，以後事屬之」，不料，郭嘉竟是那樣命短，不早不晚，偏偏在赤壁決戰的前一年夭折了。他死時才三十七歲。像他這樣既年輕又成熟了的大智囊人物，當時在曹營為數極少。建非常之功，待非常之人，再得到或培養出這樣的人才，不知等到哪年哪月，曹操想到這裏能不傷痛？

傷痛過後是憂愁。憂愁的是拔尖人才少，事業難為繼。曹操兵敗赤壁的那一年，已經五十有三歲，荀彧、荀攸等重要謀臣，也進入了老年之列。其他人倒是不少，但都不夠出類拔萃。

相比之下，孫權、劉備兩家，雖然人馬不多，但尖子人才不少，如魯肅、周瑜、龐統、諸葛亮等，真是一個賽一個。當時，除魯肅、周瑜超過三十歲外，諸葛亮才二十七歲，東吳的統帥孫權，比諸葛亮還小一歲。那魯肅原本是袁術的人，離曹營很近，可自己偏偏沒有發現，讓周瑜搶去了；對那周瑜，自己倒是派蔣幹去遊說了，碰的是一鼻子灰；那諸葛亮，原是平民百姓，沒有一官半職，硬是讓劉備慧眼識出，拉過去了；那孫權呢，英姿勃勃比自己的兒子還強，光歎「生子當如孫仲謀」有什麼用？人家的兒子就是人家的，怎能變成自己的？

思前想後，曹操的頭腦清醒了，也沉重了，充分意識到，自己已年過半百，此次敗績，今後要取勝這幫虎虎有生的年輕人機會很少了。依靠已有的那些文臣武將，能打敗袁紹、平定北方，對江南究竟怎麼辦呢？退一步想，如果江南打不下，自己死後江北就能保住嗎？真愁人呢。於是悲愁交加，這才使曹操有可能真的放聲哭起來。曹操的哭，既有惜聲，又有憂聲，與其說哭郭嘉，倒不如說哭沒有好人才更準確些。因此，曹操的哭聲裏透出的是這位政治家建大業求大賢的由衷之情，與那種兒女情長的悲悲切切聲是不一樣的。

哭，解決不了問題，選拔優秀人才還是要做實實在在的工作。於是曹操下決心求賢，號召大家要多多推舉像西周的姜子牙、西漢的陳平那樣的非常人物。

曹操這兩手非常管用，一方面哭已逝去的人才，另一方面又大張齊鼓地招攬，這就從客觀上為他手下的人才群體製造了一種「比、學、趕、超」的競爭環境，使這些人才更加盡心盡力地為他的事業服務。

孫子說，用兵之道實為「人情之理」，曹操洞察人的心理不僅運用於激勵自己人，同時，他用於打敗對手。

建安三年（西元一九八年），曹操第三次南征張繡，將張繡包圍在穰縣。五月，劉表派兵來救援張繡，截斷了曹軍後路。曹操當時想要撤退，而張繡率兵來追殺，曹軍無法前進，只好連接各營逐步向前推進。曹操給荀彧寫信說：「賊兵追我，我雖然每天只能前進幾里路，但我預測到了安眾，肯定會打敗張繡。」

曹軍到達安眾以後，張繡和劉表的軍隊合在一起據守險要之處，曹軍腹背受敵。曹操趁夜間命人開鑿地下五十四通道，把軍需輜重全部運過去，然後埋伏奇兵。天明以後，敵人以為曹操已逃走，就全軍追來。曹操出動伏兵配合步兵、騎兵夾擊敵人，將敵人打得大敗。七月，曹操回到許縣。荀彧問曹操：「你在戰前預測敵人必敗，依據什麼？」曹操說：「敵人攔截我撤回的軍隊，和我置於死地的將士作戰，我由此預知肯定能戰勝敵人。」

《孫子・軍爭篇》中有「歸師勿遏」的話，意思是返回駐地的軍隊不要去阻擋。《孫子・九地篇》中還有這樣的話：「投之亡地而後存，陷之死地而後生。疾戰則存，不疾戰則亡者為死地。」意思是說，將部隊置於沒有退路的死地，士兵就會拼死決戰，去奪取勝利。

曹操的安眾之戰便是對這一軍事思想的成功運用。當然，曹操在戰術上也做了巧妙安排。曹操連夜鑿地道將輜重和一部分兵員轉移，給對手造成已經逃跑的錯覺；而在後面卻留下了一支精銳的伏兵，自己親自留下斷後，當敵人來追擊時，自然就能打他一個措手不及，取勝也就是必然的了。將士英勇戰鬥也是取得勝利的一個關鍵。在這場戰鬥中，曹仁、李通等人都出了大力。曹仁開始未隨主力行動，而是帶著所屬部隊別攻他處，配合主力攻勢，共俘獲了敵方男女三千多人。當曹操撤軍，被張繡追擊，作戰不利，士氣下降時，曹仁激勵將士，振作精神，從而一鼓作氣擊敗了張繡，曹操對此十分讚賞。李通本來率部駐守在汝南西界，當劉表派兵援救張繡，曹軍處於不利時，他率部連夜趕到，帶頭衝鋒陷陣。戰鬥結束，回到許都後，曹操任命他為裨將軍，封建功侯。

如果說，曹操敗張繡是獨闢蹊徑而勝，那麼，擊敗烏桓則是用另一種戰法，即以迂為直，以患為利。

曹操在官渡一戰後，勢力大增，加之袁紹敗回鄴城後，不久便因積鬱成疾，發病而死。這樣，便為曹操進一步統一北方提供了極有利的時機。他早已奪佔青州，此時又先後佔領冀州、幽州與並州。那個時候，袁紹的兒子袁尚降了烏桓，企圖藉助烏桓的力量恢復袁氏在河北的統治。曹操為徹底消滅北方豪強勢力，以根絕後患，遂決定率領馬步三軍，向烏桓所在的遼東地區進發。但既要平定烏桓，必須經歷長途跋涉之苦，而在當時的交通和技術條件下，有諸多困難。當他親率三軍、兵車數千輛，向前進發時，但見「黃沙漠漠，狂風四起，道路崎嶇，人馬難行。」而曹操的謀士郭嘉偏偏又重病纏身。曹曾一度打算即刻回軍，郭嘉卻勸阻說：「兵貴神速。今千里襲人，輜重多而難以趨利，不如輕兵兼道以出，趁其不備而攻之，只是應找到一個好的嚮導。」

《孫子兵法》裏曾說：「不了解列國諸侯的計謀，不能與其結交；不熟悉山林、險阻、沼澤等地地形的，不能行軍；不使用嚮導的，不能得地利。」又說：「在戰爭中爭取先機之利所以困難，是因為必須把從表面上看是遙遠的和迂迴的彎路變為實際上是近便的直路，是要把困難變為有利。」正當曹操為尋求嚮導而愁眉緊鎖之時，有人推薦說袁紹的舊將田疇深知此境，曹操即刻召見。

田疇好讀書，善擊劍。田疇說：「這條路每年秋季都要積水。說它淺，車馬卻通不過；說它深，又不能通航。舊北平郡的郡治在平岡，那裏有路可出盧龍塞，直達柳城。從光武帝建武年間以來，這條道路就已崩壞，隔絕了將近二百年，但是還有一條小路可以通行。如今番虜以為丞相要從無終經過，現在遇雨不能前進，因此防範鬆弛，毫無準備。如果暗自將軍隊撤回，再繞道從盧龍口翻越白檀天險，到塞北空虛地帶，路途既近，又便於行走，在烏桓毫無準備的情況下，突然襲擊他們，踏頓的首級就可以不戰而擒了。」曹操稱善，於是就佯作撤軍，而且在路旁豎一塊大木牌，上寫：「方今暑夏，道路不通，且待秋冬，再來進軍。」

北虜探馬看見了木牌，真的以為大軍已經遠去了。曹操就命令田疇率領他的部眾為大軍做嚮導，登上徐無山，直出盧龍塞，經過平岡，越過白狼堆，離烏桓老巢柳城僅剩下二百里路時，烏桓單于親自臨陣，與曹操大軍交戰。曹軍大勝，斬敵很多，向北追趕敵人，直至柳城。曹軍回師，論功行賞，曹操封田疇為亭侯。

2．不得法，徒增加內耗

三國期間還有一個非常善哭的統御者者，那就是劉備，民間有句口頭禪：「劉備的江山——哭來的。」這話雖太貶低了劉備，但說明了一個問題：劉備很善哭。以哭來籠絡人心，也算是劉備用人上的一個特點吧。善哭者，哭到點子上也不管是真傷心，還是假傷心，都哭得很像。曹丕當了皇帝，有人傳言漢獻帝被曹家殺了，劉備「發喪制服」，哭了一陣子，龐統、法正死了，他哭著送殯……這些哭究竟有幾回是真傷心，不去管它，但畢竟收到了治人心的效果。但是，他的養子劉封被他親手賜死了，也為之流了淚，卻正說明了蜀國的人才內耗。

劉封，「本羅侯寇氏之子，長沙劉氏之甥也」。劉備在荊州時，四十多歲了，還沒有兒子，就把劉封收養了。劉備收養兒子不可能草率行事，那小時的劉封，必有不凡之處。劉封長到了二十多歲，果然與眾不同，「有武藝，氣力過人，將兵俱與諸葛亮、張飛等泝流西上，所在戰克。」以後，劉備命劉封統率孟達等攻魏國的上庸，也戰績輝煌，把太守申耽及家屬宗族一股腦地俘虜到了成都。可有一條請注意，劉封雖然是劉備的養子，又有這麼大本事、功績，官職一直升不上去，至死時不過是個「副軍將軍」。原因何在？因為收了一個劉封，引起了多方的矛盾，劉備無法處理，只有壓著他。

矛盾的出現，是從劉備有了親生兒子開始的。劉封剛當了養子，劉備的親生兒子劉禪就出世了。「莊稼是人家的好，孩子是親生的好。」儘管劉禪嬌生慣養沒有出息，那江山還得傳給他。要是把劉封抬得太高了，將來不影響兒子接班嗎？有意壓抑劉封絕非給劉備扣帽子。劉封的本事越大，劉備就越不放心。

劉封不救關羽，加劇了這個矛盾。關羽仗著與劉備的關係，什麼人都不放在眼裏，鎮守荊州，與南郡太守麋芳、將軍傅士仁鬧得很僵，劉封原是與關羽一塊在荊州，想來關羽對這個小毛孩子是更瞧不起。關羽在樊城被困，麋芳、傅士仁按兵不動，關羽派人到上庸求救於劉封和孟達，劉封、孟達也不肯發兵，關羽就只好走麥城了。為這事，劉備深深的恨上了劉封。如果此時劉備將劉封殺死，還不至於引出更大的麻煩。

劉備既恨劉封，又不願落個殺養子的壞名，劉封可是左右為難了，知道不被信任，幹好了不行，幹壞了更不行，把氣全出在孟達身上，孟達有苦無處訴，帶兵投降曹魏。

孟達降曹，得到厚待。他知道劉封心裏有氣，就寫信挑撥劉封與劉備的關係。那信寫得很動情，誘惑劉封背叛，劉封無論怎麼說，還是看重與劉備的情義，維護著劉備。可是就在這時，劉封在前線打了一個敗仗，跑回成都來。劉備狠狠地批了劉封一通，仍不想殺他。諸葛亮這時出面了，他對劉備說：「劉封剛毅猛強，你去世以後誰能管制住他？藉此機會把他殺了吧！」經不住諸葛亮再三警告，劉備心一橫，在極其複雜的感情支配下，把劉封賜死了。劉備為之流涕。

平心而論，劉封是一個年輕有為的戰將，在同輩人中，蜀國比劉封強的並不多，比起劉禪來，那更是高出一大截了。雖然劉封不救關羽不對，可是他在敵人的百般誘惑面前，畢竟表現出了對劉備的忠誠。不殺劉封，既怕他日後不服劉禪，有可能鬧事，又怕眼前諸葛亮不幹；殺劉封，罪名實不好定。關羽死了，孟達跑了，劉封再死於己手，一時間損失三員大將，劉備能不心顫？別人會怎麼看？再說，劉備比誰都明白，劉封拿孟達出氣，純是自己待劉封不公正的結果。鬧到了這一步上，自己應負主要責任。思前想後，矛盾重重，回天乏力，解決不能，殺就殺吧。這個決心一下，劉備哭了，這個哭是傷心，還是悔恨？恐怕他自己也說不清。反正表面上還得說是疼劉封。

五、用人不疑，信任產生動力

——「金錢有價，信任無價。」高官厚祿產生的動力是短暫的，由於信任而激發的勁頭才是長久的。

管仲曾說：「不能知人，害霸也；知而不能任，害霸也；任而不能信，害霸也；既信而又使小人參之，害霸也。」意思就是說，不能熟悉人才，就會損害霸業；熟悉了解人才而不能任用，也會損害霸業；任用而又不能信任，同樣會損害霸業；既信任而又讓小人干預，更會損害霸業。難怪人們常說，最大的欣慰莫過於上司的信任。曹操深深懂得這一治人攏心的真諦，儘管他為人狡詐多疑，但基本上能夠堅持信用如一，從而開創了霸業。

1・信任是最大的精神鼓勵

信而不疑是治人攏心之道中振心術的一條原則。就是說，一個人才，你既然在使用，就應該充分信任他，絕不能輕易地、毫無根據地懷疑他。曹操在這方面就做得相當出色，對一些無根據的誣陷，他從來不信，而且對這種行為深惡痛絕。

蔣濟，最後官至太尉，是魏國的「四朝元老」。在蔣濟剛走上仕途時，正趕上曹操兵敗赤壁，曹操一邊撤兵，一邊想把江淮之間的民眾北遷。在那一帶任職的蔣濟堅決不同意。曹操執意去辦，不但沒有辦成，反把十多萬人嚇得跑到了吳國。在這種情況下，有人給曹操寫了密信，告蔣濟要率眾造反。曹操根據蔣濟的一貫表現，認為這純是誣告。於是，他立即把與蔣濟在一起任職的于禁、封仁等人找來，拿著告蔣濟的信說：「蔣濟怎麼會有這事呢？如有，算我認錯了人。這一定是有人自己想叛亂，嫁禍於蔣濟，以攪亂我的視聽，達到叛亂的日的。」他不僅沒有責怪蔣濟，反把蔣濟調到自己身邊工作，這樣處理真是太恰當了，既將蔣濟被告的事公布於眾，公開保護了蔣濟，也給在那個地區工作的于禁等人壯了膽。

曹操的智囊團，都是由名震當時的高級知識份子組成。其中程昱雖為曹操所鍾愛，但個性太強，時常與別人鬧不團結，時間一久，就有人告他要謀反，想借曹操的手以洩私憤。曹操深知，程昱是有缺點，但絕不會背叛。有人越是告他，曹操就越厚待他。告狀人見目的難以達到，只好作罷。郭嘉是曹操的「高參」，對他的話，曹操一般是言聽計從。起初，有個叫陳群的人對郭嘉很不服氣，就抓住郭嘉作風鬆散、行為不夠檢點的毛病，有機會就在大庭廣眾告他的狀。每遇這種情況，曹操總是肯定陳群的態度是好的，但不說郭嘉不好，反倒對郭嘉更器重。這樣，自然而然地把陳群引導到多看對方優點上來，氣也消了，與郭嘉的矛盾也逐步緩和了。

曹操不聽讒言，懲治誹謗，對屬下信用一致，收到了良好的治人攏心效果。

三國時的孫策也同樣，十幾歲統率千軍萬馬，橫掃江東，幾年的時間，幹出了別人一輩子也不可能幹出的事業，他在治人攏心上靠的是什麼呢？最值得稱道的，不也是信任二字嗎？他以對下級的最大信任，換取了下級的最大忠勇。

孫策的父親孫堅陣亡時，孫策虛歲正好十八。「與周瑜相友，收合士大夫，江、淮間人咸向之。」過了三年，他又找到袁術要回了父親的舊部。袁術對年輕英俊的孫策十分好感，不住地說：「我的兒子要像他這樣，死了也無遺恨。」在袁術帳下幹了一段時間，孫策感到難成大業，於是就渡過長江。開闢新地，與袁術分道揚鑣。對於孫策在江東的用人，史書上是這樣載的：「策為人，美姿顏，好笑語，性闊達聽受，善於用人，是以士民見者，莫不盡心，樂為致死。」就是說他性情十分豁達，什麼話也能聽進去，贏得了人們的歡心擁戴，跟他的人個個盡力，即使戰死，還感到高興。

太史慈，是孫策創業時立功頗豐的一員大將。孫策重用太史慈，再清楚不過地表明了其充分信任下級，所產生的良好效果。太史慈，「長七尺七寸，美鬚髯，猨臂善射，弦不虛發」，年僅二十歲時，就以智挫州吏而知名，後以冒死救孔融而聲名大振。太史慈的同鄉、揚州刺史劉繇，先孫策一步到江東稱霸。太史慈本想憑著老鄉的關係，到劉繇那裏一展身手。有人對劉繇說：「太史慈是個有本事的人，應任他為大將軍。」你猜劉繇說什麼？「我若用子儀（太史慈），許子將不當笑我邪？」（許子將，當時名人，喜歡評論人物，每月更換，被稱為「月旦評」。曾評曹操為「治世之能臣，亂世之奸雄」。）怕用太史慈為大將被人笑話。

正在這時，孫策率兵殺奔而來，劉繇派太史慈前往偵察。太史慈一見孫策，氣不打一處來，躍馬挺槍與孫策大戰。孫策假裝刺馬，順手抓住了太史慈的戟，太史慈則一把抓下了孫策的頭盔。二雄相搏，不分勝負，各自罷兵。太史慈跟著劉繇，跑到蕪湖，不久，被孫策大兵所俘。孫策一見太史慈，趕緊給他鬆了綁，握住他的手說：「還記得咱倆在神亭打仗的事吧？要是那時你抓住我該怎麼處理？」太史慈冷冷地說：「這事不好估計。」孫策聞聽此言，竟爽朗大笑：「今天這事就算啦，咱們一塊幹吧！」當即下令將太史慈的兵馬全部還給他，並拜他為「折沖中郎將」。

劉繇被孫策殺得大敗，一萬多兵馬逃散各方。孫策果敢地決定，派太史慈去招納劉繇的舊部。身邊的人們都對孫策說：「這個決定太危險，太史慈一去，不回來了怎麼辦？」孫策說：「太史慈不是那種人，你們放心好了。」還親自為太史慈設筵送行，握住他的手問：「何時能完成任務？」太史慈說：「不過兩個月。」話雖是這麼說，可除孫策以外，大家的心都是懸著的。過了五十多天，太史慈果然率領著浩浩蕩蕩的隊伍來到了孫營。

孫策得到太史慈，曹操十分眼紅，直想把他弄給到手，可惜為時已晚。孫權繼承兄業，堅信太史慈不動搖。太史慈直到臨死之日，還滿懷深情地說：「孫氏兄弟待我這麼誠實，可我幹得太少了。」

孔老夫子有言：「民無信不立，信則人任焉。」可見，信用二字，能助人之成功，乃無形之資本，欲追求霸業並能終成大業的統御者在信人不疑上是相通的。

戰國早期，魏國最為強盛，魏文侯打算收復位於韓國東北的中山國。選將時，有人推薦文武雙全的樂羊為大將，有人馬上反對：「樂羊的兒子樂舒正在中山國為官，怎麼能讓樂羊帶兵征伐。」但魏文侯聽說樂羊不但沒有跟兒子一起去中山國，還因中山國君荒淫無道，勸阻兒子不要自取滅亡。於是，魏文侯力排眾議，拜樂羊為主帥，西門豹為副帥，領兵五萬進攻中山國。中山國君見兵臨城下，使用樂舒作為價碼，要求樂羊退兵，不然殺了他兒子，樂羊毫不動搖。結果兒子被煮成肉羹，並送給樂羊，樂羊面不改色地吃下去，此舉更強固了魏文侯對樂羊的信任，樂羊最終攻下中山國。還軍都城安邑後，魏文侯慰勞將士，賞給他一只箱子，樂羊以為不免是金銀財寶，打開一看，發現全是大臣告他的奏章，上面寫著：「主公如不招回樂羊，後患難防」、「人情莫過父子，樂羊怎能忍心傷害自己的骨肉」、「再讓樂羊留在中山，大軍難保」等等。樂羊看後十分感動，此後更加盡忠。

這一故事有後人附會創作之成分，與《戰國策》所述「樂羊班師後，魏文侯猜忌加深」不同。可看出「信而不疑」說說容易，完全做到還是比較難的。曾創造出中國歷史上「貞觀之治」盛世局面的唐王李世民卻做到了這一點——

尉遲敬德原是宋金剛的一員猛將，武德三年降唐後，有人懷疑他會叛變，便把他囚禁起來。並向李世民建議：「尉遲敬德驍勇絕倫，今將他囚禁，總會心懷怨恨，留之恐為後患，不如索性殺掉。」李世民說：「他想叛變，恐怕早就變了，何至今日。」下令將其釋放，帶入臥室並親自賜金與他，鼓勵說：「大丈夫意氣相期，勿以小嫌介意，我不會信讒言以害忠良。如你一定要走，我以此金相助，以表共事之情。」敬德大為感動。當天，李世民被王世充率萬騎包圍，單雄信引馬直刺李世民，在這千鈞一髮之際，多虧敬德躍馬大呼，橫刺單雄信於馬下，救出李世民。在敬德的奮力砍殺下，打敗敵人包圍，擒獲大將陳智略。李世民十分高興，自此收敬德為心腹。

貞觀十九年，唐王李世民親征遼東，讓房玄齡留京都，授予全權，令他「便宜從事，不復奏請」。有人誣告房玄齡謀反後，房玄齡不好擅自處置，派人送太宗行營查處，太宗聞聽，問也不問，當即把告房玄齡之人推出斬首，太宗寫信責備房玄齡不該缺乏自信，並告訴他「更有如事者，可專決之」。表示對房玄齡有充分信任，也起到杜絕讒言的作用，使京都更加穩定。李世民在用人上真正做到知人善任，任而有信，體現出君王對下屬的充分信賴，達到君臣一致、上下同心的境界，終於開創出中國人民引為自豪的「黃金時代」。

歷史上也有許多對下屬「任而不信」的統治者。明朝皇帝崇禎就是其中一個。

西元一六二七年，天啟帝死，其弟朱由檢繼位，是為崇禎帝。崇禎帝一上任，憑年輕氣盛真想大幹一番。一開始也採取了大刀闊斧的措施，先貶奸黨魏忠賢，迫其自殺，又誅魏忠賢黨羽，後又起用抗後金良將袁崇煥為兵部尚書。袁崇煥為明朝名將，在明王朝危亡的緊要關頭，袁崇煥守邊七載，於一六二六年正月在寧遠打敗自稱用兵四十年、不曾敗績的努爾哈赤，此役迫使「常勝將軍」努爾哈赤敗退瀋陽，窩火病死在那裏。後又獲寧錦大捷打敗皇太極，穩住了遼東防線。終遭奸黨魏忠賢誣告，罷職歸里。

此次重新啟用還讓袁崇煥兼任右副都御使。督師薊遼，可謂委以重任。緊接著崇禎帝還親自召見袁崇煥詢問守遼方略。袁崇煥周密估量敵我形勢後，提出「五年復遼」的大計，崇禎帝大喜。袁崇煥鑒於此前名將孫承宗受人排擠、不得其志的歷史教訓，和自己受貶的經歷，預感到個人受命後前途可畏，遂大膽向皇帝陳言：「以臣之力，制金遼有餘，調眾口不足。一出國門，便成萬里。忌能妒功，夫豈無人，即不以權力掣巨肘，亦能以意見亂臣謀。」袁崇煥最後痛心疾首地說：「中有所危，不敢不告。」他一番忠心、深沉、悲切、辛酸的由衷之言，打動了崇禎帝，立即賜於尚方寶劍，叫袁崇煥不必擔心，一切皆便宜行事。然而，後米形勢的發展，果然被袁崇煥言中。

一六二九年十一月，皇太極率領數十萬大軍避開袁崇煥把守的寧遠，以蒙古軍為先導，入喜峰口越長城，直逼北京城下，袁崇煥奉旨親率大軍，從山海關回兵馳援，大敗皇太極於廣渠門外。皇太極為了治袁崇煥於死地，施用反間計，通過明朝一個被俘的太監之口告訴崇禎帝說：「袁崇煥與皇太極訂有密約，勾結起來攻北京。」

當時，以當朝首輔溫體仁為首的一夥奸臣也大肆誣陷袁崇煥「通敵謀反」，訂有「城下之盟」。閹黨餘孽則出重金數十萬兩，僱請一些不明真相的文人墨客與皇太極遙相呼應，在城內外大肆宣傳袁崇煥是「漢奸」，勾結後金反明朝。崇禎帝生性好猜，重用將相，又懷疑將相，結果外中了後金的反間計，內惑於閹黨的流言蜚語，違背自己的許諾，於一六三〇年一月十三日，將袁崇煥逮捕入獄。袁崇煥下獄，遼軍將士放聲大哭；關外吏民也「日詣督輔孫承宗，號哭代雪」。有的則冒坐牢的危險，寫《白冤書》，稱袁崇煥「義氣貫天，忠心捧日」。這些冤聲，卻灌不進崇禎的迷竅。一六三〇年九月二十二日，袁崇煥在柴市被謀死。

後金聞聽袁崇煥被殺，欣喜若狂，乘機攻明，不過數年，遼東半島盡陷，後金軍又多次入關，明朝危機日甚一日，崇禎帝自己終於自縊在北京煤山。

2・焚書定心，過去一切一筆勾銷

統御者一般管轄兩個層次的人，一是基本群眾，二是服務於自己的各級官員。官員肩負著聯繫統御者和群眾的重任，要組織群眾完成各項任務。各級官員如何，直接關係到統御效率問題。所以聰明的統御者都很注意運用各種策略，安定自己的部下，收攬人心，以使其盡心為自己的事業服務。對一些有名望、威信的人，統御者有時甚至不惜放下架子，親自前去造訪，如劉備「三顧茅廬」請諸葛亮出山，對一些立下大功的人，更恩愛有加；如宋太祖常常微服至功臣家私訪；唐太宗為給手下李勳治病，甚至剪去自己心愛的大鬍子給他做藥引子。

曹操為了收服自己屬下，讓其安心服務，消除顧慮，曾採用了一種特殊方法──焚書

（檔案）定心術。首創此法的是漢光武帝劉秀。早在劉秀北征河北途中，幾度遇險，處境極不順利，詐稱漢成帝兒子劉子輿的王郎則一度勢傾河北，自立為漢帝。此時，劉秀麾下的一些官員私下為自己尋找後路，偷偷地給王郎寫信，以表報效之心。西元二四年，王郎被劉秀消滅後，在王郎的宮廷文件中發現了己方官員與王郎來往的信件數百封，那些寫信者為此惶惶不可終日，豈料劉秀對這些信件看都沒看一眼，便傳令當著大家的面把這些信全部焚毀，並笑著說道：「讓那些輾轉反側、惶惶不安的人定心吧！」此出人意料之舉，一下子征服許多人，那些曾給王郎寫過信的人，義無反顧地開始為劉秀出力了。

此法一出，後來不斷有人在同樣情況下加以仿效。曹操在官渡打敗袁紹後，就發生過同樣的事情。

《三國演義》中講：「在繳獲的圖書中發現一捆書信：『皆許都及軍中諸人與袁紹暗通之書。左右曰：『可逐一點對姓名，收而殺之。』操曰：『當紹之強，孤也不能自保，況他人乎？』遂命盡焚之，便不再問。」

燕王朱棣對此法有所發揮。他在「靖難之變」打敗建文帝，攻佔南京後，繳獲了幾千份大臣的奏章，朱棣命解縉等人一一閱看，把有關治國大計的留下，其餘悉數全部燒毀。因為這些奏章大部關涉到自己，提述奏章的人，大部分正為自己工作。事後，朱棣問解縉等人：「這裏面恐怕也有你們的奏章吧！」這些人連連叩頭，還不及回答，有個叫李貫的大言不慚先插上言道：「我就沒有。」朱棣毫不客氣：「你沒有就好嗎？常言道：『食其祿，思其事。』你吃了皇糧，在國家危難之際，沒有一點意見貢獻出來，說得過去嗎？我並不討厭盡心於建文帝的大臣，只是恨那些引誘建文帝壞祖宗之法的奸臣。你們過去在建文帝手下當差，要忠於他；現在在我手下辦事，就要忠於我，不必在這件事上說假話。」

一席話加上燒奏章，把原在建文帝手下辦事的大臣幾乎全動員過來，堅定地為朱棣服務了。朱棣燒的不是自己營壘內與敵人暗通的信，而是原建文帝手下大臣所提如何對付朱棣的奏章，範圍、對象都有改變，但實質是一樣的，打掉人們的疑慮，讓其一心一意為自己工作，看似好像不經意中做出，實則浸透著統御的高超振心藝術在內。

現代運用技巧：任則必信，善利人明賞罰

——從物質和精神上給予滿足，以利其人；從感情和良知上喚起責任，以結其心。運用振心術兩方面缺一不可。

人們對利益的追求，是歷史活動的動因。有了利益的追求，才產生了奮鬥的動力源

泉。如果不是為了秋天的收穫，就不會有春播的舉動；不是為了擴大視野的享受，也許就不會有火車、飛機、電影、電視的問世；不是為了穿著舒適；也許人們至今還認識不到羊毛、棉花的價值。反之，如果無視於個人的利益，只會導致人們對什麼都麻木、冷漠，產生依賴成性及不相信自身力量的無為思想。同時，「君子喻於義」，統御者的信任可以喚起部屬的良知和建立起感情橋樑，並藉此激發部屬的責任心。

◎技巧一：以利益差異激發進取之心

振奮人心應以利益為原則，但必須體現利益差異。這種利益差異，體現的是不同程度的奮鬥獲得對需要的不同程度的滿足、不同程度的貢獻獲得不同程度的回報。只有這樣，才能激發人們努力奮進，競相進取。

第一，一文之差激人奮。

人們對利益所得，經常看重的不是絕對數量的多少，而是相互之間的對比。因為這種對比，既是勞動貢獻的對比，也是勞動價值的對比。為什麼許多人，你叫他拿出二百元請客，他會毫不遲疑，慷慨解囊；而在工資分配時，讓他比別人少拿二元，卻會暴跳如雷？就是因為，這少拿的二元，體現著對他工作的評價和對其勞動價值的看低。所以，常常一文之差能激人奮進，而萬元之均卻沒沒無聞。一個高明的領導者，就是要善於利用這種「差異效應」，科學地進行利益分配，以激發部屬的積極性，而要如此，必須做到下述幾點——

首先，體現工資差距。工資是勞動報酬的主要形式，也是影響工作人員積極性的主要因素。它一般通過三個方面的要素表現出強烈的刺激職能，即工資的刺激方式、刺激頻率、刺激程度。這三個要素有一個共同的要求，就是合理確定工資差距。從刺激方式看，如不體現工資差距，則根本無法提出工作任務指標和相應的工資增長指標，更無期前、期中和期末刺激的可能；從刺激頻率看，如不體現工資差距，則失去了確定頻率的必要，因為平均工資是一條平滑的直線，而不是曲線；從刺激程度看，如不體現工資差距，則更無刺激程度可言，因為刺激程度本來就取決於工資分配的差距和高低。可見差距是工資刺激職能三要素的基礎，非此而不存在「三要素」，更不存在工資刺激職能。

其次，戒除福利泛化。所謂福利泛化，是指福利品超水平、超範圍地發放。這種福利泛化，是分配平均主義的變種，是工資刺激的大敵，一方面，福利泛化沖淡了工資差距，束縛了工資刺激職能的發揮。另一方面，福利的變動似一條「單行道」，只可向前，不可後退，即所謂「福利剛性」。這種「福利剛性」很難與經常變動的單位經濟效益相聯繫，更難與工作人員的實際福利需要相聯繫，使福利失去刺激工作積極性的作用。同時，福利的發放，一般採取實物或實物的價格補貼形式，帶有明顯的「大鍋飯」性質。對於享有者來說，福利是一種權利性的收入，很難與勞動相聯繫，起不到激勵作用。非但如此，福利泛化還使工作人員滋生一種不正確的「債權」觀念，發放是在補還「欠帳」，不發放則是「欠帳不還」。

由此可見，福利泛化實在是毫無意義的做法，必須予以解除。正確的做法，應該是按照保障基本生活和正常的工作需要的標準，堅持「雪中送炭」，不搞「錦上添花」。同時，應該逐步地把單位福利移植為社會福利，即單位按照規定及時解繳社會各項提取，由社會承擔各種福利責任，而單位則取消各種福利待遇（勞動保護除外），單純採用工資分配形式。只有這樣對能體現分配「差距」，充分發揮分配的激勵作用。

最後，科學設置獎金制度。獎金制度是中國工資制度的一個組成部分。是工作人員超額勞動的一種報酬，是激勵工作人員工作積極性的一種重要手段。但是，獎金的發放並不一定都能有效地起到預想的激勵作用，其間必須注意以下問題：

1．**明確獎金性質，防止獎金工資化**。獎金是超被勞動的報酬，應視其超額勞動成果的多少而發放，應力求避免使獎金工資化，即絕不能把獎金視為工作人員的勞動的補充收入搞成人人有份的「附加工資」，否則，必使獎金平均化，失去其本來的激勵意義。

2．及時反饋工作成果，確保獎金公開化。獎勵的目的是激勵工作人員的積極性，因此必須定期及時反饋工作人員的工作成果，以使其有效地調節勞動緊張程度，同時也為科學地測算各人的獎金提供依據。另外，獎金發放必須公開，只有公開才能使每個工作人員了解自己所得獎金的依據；才能使工作人員之間有個清晰的比較，並由此而競相進取；才能使領導與被領導之間相互信任，避免因猜疑而影響工作的協調。

第二，不患寡而患不均。

「不患寡，患不均。」數千年來，人們總將其理解為分配上的平均主義。實質上，這是一種消極的理解，積極的理解應是指進取的可能、機會和條件的均等。因為，進取的「可能」不均，必使一部分人失望；進取的「機會」不均，必使一部分人努力而無功；進取的「條件」不均，必使各人奮鬥的效果不同。所以，不患收入之寡，只患條件不均。但是，自古至今，條件不均的現象大量存在，具體表現為——

首先，低薪特權。中國古代對官吏普遍實行低薪制。東漢最高級的二千石大官，每月貨幣收入不過十八貫，折米二十八公石半。唐代二品官實際所得一百二十公石，即使像楊貴妃之兄楊國忠，權高勢眾，每月也只能拿到相當於一百六十石大米的薪俸。這種低薪制看起來公平，實質上由於封建特權的作用，造成了封建官僚在薪俸以外的收入大大超過本俸，使官僚階層的實際收入大大超過平民百姓的收入水平。甚至在各級官吏之間，其收入也大相徑庭。明代著名清官海瑞死於任所時，貧窮到不能治棺槨。而清代宰相和珅貪賄的財產卻富可敵國，相當於清朝政府八年的國庫收入，其懸殊之大，令人咋舌。封建官僚之間，尤其是相對於平民收入之所以如此之大，原因就在於「封建特權」這一重要條件。

其次，馬太效應的作用。所謂馬太效應即是指「凡是有的，還要加給他，叫他有餘。沒有的，連他所有的，也要剝奪過來」。人才學上的馬太效應是指對已有相當聲譽的人才做出的貢獻給予的榮譽和報償越來越多，而對那些還未出名的人才則遲遲不承認他們的成績或對他們的大量貢獻報償很少。馬太效應在人才成長和科學評價制度上有兩個方面的作用：一是對有重大貢獻的科學家一旦在獎勵制度中獲獎，尤其是獲高規格獎勵之後，各種榮譽和報酬就會接踵而至，聲譽日隆，科學優勢迅速積累，這對社會加速承認人才及其成果有積極的作用；但是，另一方面，對未出名的潛人才，則苛刻要求，甚至對一些優秀人才壓抑和埋沒，遲遲不承認他們的成績，更談不上應得的報酬。

最後，政策傾斜的左右。國家和地方政府的各項政策，尤其是經濟政策對人們的收入影響極大，常常是受政策之惠者收入豐厚，而受政策之抑者雖付出同樣的勞動，卻收人甚低。上述條件的「不均」，必將造成勞動者收入的不均，而這種不均卻又與勞動者本身的努力無關，因此，如果不加以重視和協調，必然在一定程度上影響勞動者的進取積極性。

第三，渴時一滴如甘露，醉後添杯不如無。

「利益差異是進取的動力」不僅是指要體現其「差異」，而且要體現其「利益」。而所謂「利益」，一般來說，滿足其需要即為「利」；滿足其欲望即為「益」。所以，不因其需要而施，毫無「利益」可談。古人說：「渴時一滴如甘露，醉後添杯不如無。」正是對這種因需要而施的強調。

人的需要各不相同，總體上可分為物質需要和精神需要兩大類，而在物質需要中，還有衣、食、住、行、用各個方面；在精神需要中，也有文化、娛樂、學習、事業進取等不同要求。不能說，對強烈的物質欲望者，給一毛錢就能滿足其要求；對強烈的事業心者，給一頂「烏紗帽」就能遂其志願。一定要通過觀察和了解，切實解決其最需要解決的問題，滿足其最需要滿足的要求，足其所「需」，投其所「好」，實施報償。例如，一個科技人員，有了創造和發明的成果，獎他若干張股票完全可以，但還可獎他一年半載的時間，或給他出國深造的機會，讓他開闊視野，增長見識，則其必然「大喜過望」，更加努力。一個中年職員，酷愛學習，孜孜不倦。但上有白髮蒼蒼的父母，下有嗷嗷待哺的嬰兒，卻如一頭不知疲倦的黃牛，在家庭、事業、學業之間八方奔波，此時，即使增其百元、千元的收入，可能也難以調起他的胃口。但是，如果解決其父母奉養、幼兒入托，甚至讓其脫產進修，則必使其感激涕零，刻苦攻讀，以圖報答。可見，不同對象有不同的需要。無論是男的、女的、老的、少的，在任何時候都有一種特殊的欲望，這種欲望是與別人完全不同的。所以，一個絕對同樣的報償方式，絕對不能用於幾個人。

當然，也有這種情況，即有些工作人員突出的需要不明顯，甚至還沒有意識到自己的迫切需要。在這種情況下，就必須首先預測其需要，引發其需要，揭示其需要。預測其需要，就是在對方沒有說出來之前，或是在對方尚未自覺其有此需要之前，就預先設法去迎合他。引發其需要，就是當某種需要對其暫時尚不迫切時，引發其對該種需要的興趣和重視，並通過自己的努力去爭取對該種需要的滿足，從而激勵其對事業的進取。揭示其需要，就是當對方實際存在的需要還未被意識到之前，揭示其某種需要的存在，啟發其對某種需要的認識，進而激勵其對某種需要的追求。而當其做出實際成績的時候，對其需要給予恰當的滿足，給予一定的報償，則必能取得顯著的激勵效果。

◎技巧二：以賞罰分明激發奮鬥之心

對人的激勵，賞罰分明是一條極其重要的原則。因為，賞罰分明，體現了褒揚貶抑，指示了人們行動的方向，強化正義的進取，弱化錯誤的選擇。賞罰分明，給人以精神上的滿足或抑制，它通過獎賞肯定了人的勞動價值乃至人生價值；通過懲罰否定了一些錯誤行為和消極因素。賞罰分明，是人的利益所在，在一般情況下，賞必加之以利，罰必使之有失，俗話所說的「重賞之下必有勇夫」、「殺一儆百」即是此理。所以，賞罰分明必能催人奮進，也因此而成為自古以來各級統御者治人攏心的常法。但是，賞罰分明也必須十分講究科學方法，必須遵循下述各項原則。

第一，賞罰不明，百事不成。

「賞罰不明，百事不成；賞罰若明，四方可行。」自古以來，凡有作為的明君賢臣，對賞罰分明都極為看重，並深有研究。春秋戰國之交，魯人墨翟（即墨子）就曾強調「賞有能，罰無能，有能則賞而貴之，無能則罪而賤之」。力求通過賞罰分明使那些無能之輩有一種緊迫感、危機感，奮發向上，爭相成才。周文王也曾強調「賞一以勸百，罰一以懲眾」，他向呂尚請教如何達到這個目的，呂尚回答說：「凡用賞者貴信，用罰者貴必。賞信罰必於耳目之所聞也，則不聞見者，莫不陰化矣。夫誠暢於天地，通於福明，而況於人乎。」曹操也曾說過：「管仲曰：『使賢者食於能則上尊，鬥士食於功則卒輕於死，二者投於國則天下治。』未聞無能之人，不鬥之士，並受祿賞，而可以立功興國者也。故明君不官無功之臣，不賞不戰之士；治平尚德行，有事賞功能。」把賞罰分明放上了治國興邦的重要位置。諸葛亮則更把賞罰分明具體化：「盡忠益時者，雖仇必賞；犯法怠慢者，雖親必罰；服罪輸情者，雖重必釋；遊辭功飾者，雖輕必戮。善無微而不賞，惡無纖而不貶。」諸葛亮不僅強調，而且身體力行，在長期的治政用兵中，力使賞罰分明，也因此而「刑政雖峻，而無怨者，以其用心平，勸戒明也」。名垂青史的一代清官包拯更是十分強調賞罰分明，他說：「賞者必當其功，不可以恩進；罰者必當其罪，不可以幸免。邪佞者雖近必黜，忠直者雖遠必收。法令既行，紀律自正，則無不治之國，無不化之民。上之出令貴乎必行，下之立功樂於自奮。」強調能否正確行使賞罰，是關係到能否取信於民的問題，絕不可掉以輕心。他對有功賢臣，堅決請求嘉賞，對本應得到格外酬獎的將士，酬獎不當，「功同賞異」者，也請求予以糾正。

對賞罰不明的危害，古人也多有論述。《商君書．弱民》中說：「背法而治，此任重道遠而無馬牛，濟大川而無舡楫也。」這裏的「背法而治」即為「賞罰不明」之意，意為賞罰不明等於是失去了事業成功的基礎和希望。唐代陳子昂《答制問事．勸賞科》也說：「勞臣不賞，不可勸功；死士不賞，不可勵勇。」即離開獎賞就沒有士卒的勸功奮進。把獎賞看成重要的奮鬥動力。唐代元結《辨惑》中還強調了賞罰並用的重要性：「賞善而不罰惡則亂，罰惡而不賞善亦亂。」指出了賞、罰兩個方面缺一不可。春秋時，管仲對賞罰不明的危害則說得更加具體：「功多為上，祿賞為下，則積勞之臣不務盡力；治行為上，爵列為下，則豪傑才臣不務竭能。便辟左右，不論功能，而有爵祿，則百姓疾怨，非上賤爵輕祿；金玉貨財商賈之人，不論志行，而有爵祿也，則上令輕法制毀；權重之人，不論才能，而得尊位，則民倍本行而求外勢。」意為功多者反而封賞少，能力強者反而職位低，這樣，人們就不想盡力為國辦事。而那些缺德少才者，侍君左右，掌握重權，賞賜爵祿，必使士民怨恨，不安於此，「而求外勢」，這樣，亡國之禍也就不遠了。而這一切，皆應歸罪於君主「輕法制毀」，賞罰不明。

第二，法不阿貴，繩不撓曲。

賞罰分明的重要原則之一，就是「法不阿貴，繩不撓曲」。它包含兩層意思：一為刑不避權貴，罰不避親屬。也就是「在法律面前人人平等，在紀律面前一視同仁」。二為法律既定，就堅決執行。不以權貴的意志為轉移，不為領導者個人的情感所左右。這樣做至少有三大益處。

首先，是有利於體現法紀的嚴肅。法紀作用的範圍應是指治內一切人，任何人不可例外，或者說，不應存在任何超越法紀之上的特殊人物，貞觀十七年（西元六四三年），唐太宗的外甥趙節犯了死罪，太宗知後，下詔將趙節處以死刑。並將曾為趙節開脫的宰相楊師道（唐太宗的姐夫）降為吏部尚書。唐太宗認為，只有「賞賜不避仇敵，刑罰不避親戚」才能嚴肅法紀。清朝雍正皇帝不僅注意「王公士民同罪」，而且注意「王公士民同賞」，力求做到「賞罰上下同一」，他曾詔示：「農民勤勞作苦，手胼足胝以供租稅、養父母、育妻子，其敦厚淳樸之行，雖榮寵非其所慕，而獎賞要當有加。其令州縣有司擇老農之勤勞儉樸，身無過舉者，歲舉一人，給予八品頂帶榮身，以示鼓勵。」

其次，是有利於整頓吏治。各級官吏身負重任，對國家的強盛，人民的安定，影響極大。吏治不正，則必國亂民殃；吏治整肅，則必國強民安。所以，歷史上智慧之士多有主張刑罰應以對上為重、賞罰應以對下為明。春秋時呂尚對此論述最為精闢：「將以誅大為威，以賞小為明；以罰審為禁止而令行，故殺一人而三軍震者，殺之。賞一人而萬人悅者，賞之。殺貴大，賞貴小。殺其當路貴重之人，是刑上極也。賞及牛豎馬洗廄養之徒，是賞下通也。刑上極，賞下通，是將威之所行也。」

最後，是有利於法紀條款的穩定。而法紀穩定正是人心穩定、政治穩定、事業穩定發展的重要保證。所以，歷代賢明的君臣對此十分重視。隋文帝時，刑部侍郎辛亶愛穿大紅內衣，這使文帝楊堅極不高興，一氣之下，硬要把辛亶處以死刑，執法官大理少卿趙綽對此拒不執行。他認為辛亶「法不當死」，蠻不講理的楊堅卻怒不可遏地說：「你想保護辛亶，就不怕自己砍頭嗎？」趙綽說：「陛下可以殺我，卻不可以殺辛亶。」楊堅真的叫人剝掉他的衣服，將他押赴刑場，然後又派人問他是否還固執己見，趙綽寧死不屈，說道：「我不惜以死來維護法律。」楊堅明知理屈，只得依了他。趙綽堅持依法辦事，不為文帝個人感情所左右的「法不阿貴」的精神，至今仍有重要的教育意義。也正是由於趙綽的這種精神，才維護了隋文帝時的法律穩定、朝政的穩定。

當然，「法不阿貴，繩不撓曲」也並非易事，其阻力之大，甚至常使刑律無法執行。阻力之一，是數千年來的「上尊下卑」的習慣勢力。東漢光武帝劉秀的姐姐湖陽公主家中一奴僕依仗主人權勢，公然白天殺人，藏匿公主家中，洛陽令董宣無法將其逮捕歸案。一天，公主出行，罪犯有恃無恐地為公主趕馬車。董宜得知，立即帶人攔住車馬，將罪犯抓捕，當即處以死刑。公主向劉秀哭訴董宣殺其奴僕，光武帝聽後大怒，立即派人捉拿董宣，打算在公主面前用亂根將董宣活活打死，但當劉秀了解真情後，為了照顧公主的臉面，仍令董宣到公主面前叩頭賠禮，在遭到董宣斷然拒絕後，甚至令人強摁著董的腦袋，硬逼其下跪。此事足見責罰權貴之不易。阻力之二，是難以割捨的親情、友誼。人情莫過於親情，親情莫過於父（母）子（女）。賞罰分明的主觀願望常常敗於親情、友誼之下，即使是賞罰成事，也需克服重重人情阻力。阻力之三，是領導者的以言代法、感情代法的劣根影響。

唐初大開選舉，有的人為能獲舉偽造階資。唐太宗命令這類人必須自首，否則嚴刑處死。不久就有偽詐者事跡敗露。大理少卿戴冑依據法律將他判了流放之後向太宗稟奏。太宗曰：「我當初下令，不自首者處死，現你按律判刑，這就失信於天下了。」戴冑回答說：「如果當時陛下就把罪犯殺了，我也無法，既交大理處置，我就只能按律行事。」太宗說：「你只自顧守法，卻要我失信嗎？」戴冑申辯曰：「法律是國家對天下宣布的大信，個人的口頭命令是出於一時的喜怒情緒。陛下憑一時怒氣，命令處死，現若覺悟，再置之於法律，這乃是忍小憤而維護大信。我倒正是維護您的威信！」唐太宗對戴冑的堅決守法非常讚賞。倘若太宗不悟，堅持以言代法，則唐律必不久存，也絕無千古讚譽的「貞觀之治」了。

法不阿貴，雖然阻力很大，但有史以來，也確為歷代王朝宣傳法制的定制，尤其是一些開明的君臣更是堅持不移。北魏孝文帝拓跋宏因其弟弟廣陵王元羽「近小人，遠君子。功勤之績，不聞於朝」而將其貶黜降職。因其叔父吏部尚書元澄「神志驕傲，少保之任，似不能存意」而將其解職。

第三，功過不抵，賞罰有界。

賞罰分明，不僅是指不同對象該賞則賞，該罰則罰，而且還指同一對象的不同事件該賞則賞，該罰則罰，絕不可功過相抵。因為，一般來說，任何人都有其功，也有其過，若功過相抵，則必然功過混淆，毫無界限。靖康元年（西元一一二六年），金兵陷京師，徽、欽二帝蒙塵，北宋亡。在金人逼迫下，百官議立異姓張邦昌為帝，秦檜等人堅決反對。秦檜因立議狀要存趙氏，被金兵押擄北去，當時，秦檜此一舉動，可謂大功，頗受人們讚揚。但是，秦檜到金後，一改前態，為徽宗作乞和書，投靠金人，並且賣國求榮，陷害忠良岳飛，留下萬世臭名。那麼，是否能因秦檜前功而赦其後罪呢？歷史做出了公正的判決：秦檜罪不可赦。再說，功過相抵，容易滋長居功自傲、目無法紀的傾向。立有大功在前，而能謙虛自製者本來就已很難，若再許以「前功可抵後過」，豈不更加目無「王法」？這樣做，實質上也就是把前功變為犯罪的資本，違紀的條件。天下之大，立功者甚多，如立大功者可抵大過，立小功者可抵小過，勢必天下大亂，「功臣」橫行，勢必國將不國，法將不法。最後，功過相抵，容易造成官僚特權。大凡有個一官半職者，大多因其做出成績，或立有功勳而榮登「官」位，著功過可以「相抵」，那麼各級官吏必享首惠。加之大權在握，「官官相護」，官僚特權必然更加肆無忌憚，國法政紀在他們面前也必然蕩然無存。

因此，要賞罰分明，功過不可相抵。要做到這一點則必須：功過分明，各施賞罰。若有大功在前，應按律行賞，又有大過於後，也同樣應按律懲罰。一個大「功臣」殺死無辜的人，和一個小流氓殺死無辜的人，應該用同一條法律制裁，而不去考慮昔日的功勞，殺人償命，自古而然。反過來，若有大過在前，理應施以懲罰，又有大功於後，也應按律行賞。但因其大過在前，大功在後，說明其認罪深刻，自新堅決，也可考慮用其功而贖其罪，即「將功贖罪」，這與「前功後過相抵」又有不同，前者具有積極意義，而後者只具消極意義。

第四，株連不取，罰有首從。

「株連」是賞罰分明的大敵。因為——

1．**賞罰分明是據其結果和情節而定**。「株連」則是據其人際關係的親疏而定，其間有著本質的區別，而某些人們雖為親友，並無錯誤的情節和危害的結果，因此，處之無據，罰之無實，這與賞罰分明的本來目的大相徑庭。株連無辜，必使犯錯（罪）者的親友起而防衛，甚至鑄成大亂。反過來，如果只究其首，不究其從；只究其本人，不究其親友，「一人做事一人當」，必使犯錯（罪）者心服，親友感佩，甚至使親友配合教育，化阻力為動力。

宋代宰相呂端有一天聽寇准說有人將叛亂於西陲的李繼遷的母親捉住，並準備把她殺死以洩憤。呂端覺得事關重大，便入告太宗陳說利害：「一若項羽得太公（劉邦之父），欲烹之，高祖（即劉邦）曰：『願分我一杯羹。』夫舉大事不顧其親，況繼遷悖逆之人乎？」接著，呂端建議太宗：「李母無罪，不可株連，可將李母安置於延州，讓她吃好穿好。這樣，甚至或許可以招降李繼遷，即使李繼遷不降，也可以繫住他的心。」太宗聽罷，認為很有道理，照辦無誤。不久，李繼遷和她母親都死了，而他兒子感激宋廷對自己祖母的照顧，終於納款請降。這一史實確為避除株連之益的有力注釋。

2．**株連的重要藉口之一，就是親友接觸頻繁，知情無疑**。而知情不報，應與同罪。很顯然，這種推理極為不妥。首先，親友散居各地，並不一定來往密切，即使來往密切，也不一定知情。因為，即是犯錯（罪），必得隱蔽，豈能隨便告人？何況有些錯誤屬無意之錯、客觀致錯，親友更是無法知曉。再者，賞罰分明講究的是重事實，求實據，未經調查核實，又豈能據懷疑推理而定？所以，智慧之士是從來不搞株連的，也因此而得到眾人擁戴。明代謀臣宋濂年老安居家鄉，他的孫子宋慎在都城犯罪被拘。朱元璋於是要罪及宋濂。馬皇后認為宋濂「已家居，必不知情」，請求赦免，朱元璋不聽，於是馬皇后在供膳時不設酒肉，朱元璋問是何道理。馬皇后說：「妾為宋先生做福事也。」朱元璋感到自己確有錯誤，終於赦免了宋濂。事後，不僅宋濂十分感激，即使是其他重臣也對馬皇后十分感佩。

3．**株連卻常常是奸佞小人加害和壓抑賢才的重要手段**。北宋右相蔡京出於竊權弄柄私心，就曾經以除「奸黨」為名，行株連之實。他先是將司馬光、文彥博等守舊派一百二十人列為「奸黨」，奉請愛寫字的徽宗「御書刻石於端禮門」，燒毀司馬光繪像，然後將哲宗朝舊臣的政治表現，分為正、邪凡六等（即正、邪又分上、中、下各三等）。於是，又有五百四十多人被株連而列為邪等，並受到不同的處罰。許多「奮不顧身、孜孜於國、獎善嫉惡、激濁揚清之人」被排斥陷害。甚至推薦一個賢士，也被說成為「奸黨」相助；退去一個庸才，又說是「奸黨」相嫉，使得「正人結舌，忠直息心」，不敢主持正義，明言是非。可見，株連不僅是傷害無辜，而且極易為奸人利用，陷害賢良，禍國殃民，敗事廢業。

除株連之外，賞罰分明還有個「首從」有別的問題。因為，首惡與脅從，其所處位置不同，所起作用不同，造成的危害不同，因此其承擔的責任也應不同，處罰的程度也就必須加以區別，這也正是處罰「分明」的必要體現。

第五，凡將舉事，令必先出。

古人曰：「凡將舉事，令必先出。」又曰：「事將為，其賞罰之數必先明之。」意為事前必須明確紀律和賞罰條令，絕不可事後處之隨意，罰於兩可。因為——

首先，舉事令先，可以強化法治，弱化人治。所謂人治，最基本的特徵是當權者的個人意志超乎社會之上，處理事務和管理社會生活，完全以個人的意志、願望、能力、素養、知識水平、道德品質為轉移。實行這樣的統治，帶有很大的隨意性和很強的專橫性。人治是根本無法做到賞罰分明的，只有法治才是賞罰分明的重要保證。而要法治，就必得「令律先出」。

其次，可以使部屬和群眾熟悉，了解賞罰條令，並進而深入人心的作用。條令不為群眾所了解，則無法約束其行為和激勵其奮進，無法取得「賞一人使天下人喜，罰一人使天下人服」的效果。而如果人人了解條令，事事賞罰有據，必使其「進而思賞則奮，退而思罰則止」。明太祖朱元璋就深知此理，他在整頓吏治之前，在洪武十八年（西元一三八五年）發布《大誥》，隨後又發布《大誥續編》、《三編》。這三冊書共收集了一百多個營私舞弊等不法行為案例，並將它印發全國，要求「戶戶有此一本，居民熟視為戒，以做到知法守法。」藉此對全民進行一次法律普及教育。此三本書的頒布，在當時對於上下官民熟悉法律、整頓吏治、整頓「民風」確是起到了重要作用，雖存在有用刑嚴酷、枉殺濫殺的流弊，但仍有其一定的進步意義。

「令必先出」固然重要，但是如果不講究「科學制定」也為枉然。這裏，尤其值得強調以下幾點——

1·**是「立可為之賞，設可避之罰」**。即所立之賞必須是人們經過努力能夠辦得到的，所設之罰必須是人們經過努力易於避免的。只有這樣才能達到獎善懲惡的目的。

2．**是「令於民之所好，禁於民之所惡」**。即人民喜歡的事，你就下令去做，人民厭惡的事，你就下令禁止。制定政策、發布命令只有以人民的愛憎為準，人民才會歡迎和擁護，並嚴格遵照執行。

3．**是「發號施令，若汗出於體，一出而不可復」**。賞罰條令，一經制定，絕不可更改頻繁，更不可「如同虛設」，立而不行。如果「朝令夕改」，「刑同虛設」，必使人們無所適從。

4．**是應忌「罰以細過，搖手觸禁」**。即所定條律，不可過細、過濫，應圍繞事業的主要方面而定，應給予人們一定的權力餘地，更不應涉及人們的正常的私人生活。否則必使人們謹小慎微，唯唯諾諾，必然束縛人們的創造性、主動性的發揮。

5．**是「令行則治」，「以實則治」**。也就是說賞罰條例既定，則必實施於行。否則即使公文告示貼滿大街小巷也是無用。

第六，上多常操，下多疑心。

賞罰制度既出，必須始終如一，堅持執行。但是，事實上卻並非如此，由於領導者個人的性格特點，由於某些情況的變化，而常使一些領導者朝令夕改，莫衷一是。這樣，就帶來許多害處：

1．**不能取信於民**。因法令多變，而使人們產生多疑，(1)疑法令能否持久，而在行為上心存僥倖；(2)疑法令之變夾有領導者私心，而在心理上對領導不予信任；(3)疑法令的合理性，而在思想上對一切法令的出臺不予重視。這樣一來，賞罰條令即失去了人們的信任，而「賞罰不信，則民易犯法，不可使令」，條令也就形同虛設了。所以，歷來智慧之士對「賞而信、罰而必」的問題極其看重。《韓非子．五囊》中強調：「賞莫如厚而信，使民利之；罰莫如重而必，使民畏之。」《內儲說上七術》中也記述：「吳起為取信於士兵，在北城門放一輛車，下令說誰能將這輛車推到南門賞給好田好房子，但信的人不多；又在東城門放一擔紅菽，下令誰能將它拿到西門，同樣賞賜給好房子好田；士兵相信他言而有信，『人爭徙之』。待到吳起下令說『明天攻亭，有能先登者，任之國大夫、賜之上田、上宅』時，由於做了以上準備，士兵攻亭奮不顧身，爭先恐後，『一朝而拔起』。」之所以能夠如此，是因為「賞必行，罰必信，使親疏貴賤，勇怯賢愚，聞鐘鼓之聲，見旆旗之列，莫不奮激，意伐敵場。豈厭久生而樂死也，利害懸於前，欲罷不能耳」。可見，賞信罰必之重要。

2．**不能維護賞罰制度的權威性**。古人曰：「夫賞罰之道，利器也。」賞罰之所以成為銳利武器，就在於它特有的權威性。而這種權威性存在的重要條件之一就是「一刑一賞」、「用兵之道，務在一賞」，即既不可隨意更改條令，也不可隨意立「法」，更不可置賞罰條令於不顧，信口雌黃。而且，賞罰條令對所有的人應一視同仁，不分親疏遠近。

3．**難以避免個人情感好惡對賞罰的左右**。個人情感好惡是為常事，賞罰條令若能穩定，則難以受其影響；若不穩定，「常操常改」，勢必受其影響和左右。既然，「上多常操」不能取信於民，不能維護賞罰制度的權威性，不能避免個人情感好惡，那麼領導者就必須以此為戒，注意維護賞罰條令的穩定，注意檢點自己的公心所在，注意維護賞罰條令的權威。

第七，文武之道，一張一弛。

《禮記．雜記下》中說：「張而不弛，文武弗能也；弛而不張，文武弗為也。一張一弛，文武之道也。」意為治國治事，必須有鬆有緊，寬嚴相濟。寬嚴相濟之於賞罰，清雍正皇帝曾有精闢論述：「自古為政者皆言寬嚴相濟，所謂相濟者，非方欲寬而雜之以嚴，方欲嚴而雜之以寬也。推觀乎其時，審乎其勢，當寬則寬，當嚴則嚴而已。如十人當賞則懼賞之，斷無賞之太多而捨一、二人不宜之理，十人當罰則僅罰之，斷無以罰者太多而寬一、二人不罰之理。」意為賞罰分明必須寬嚴相濟，而寬嚴相濟並非「寬嚴相雜」，而應「審乎其勢，當寬則寬，當嚴則嚴」。

賞罰之所以必須寬嚴相濟，原因就在於：

1．**賞罰雖然界限分明，但各自情節卻很不一樣**。有大小之功，輕重之罪；有一人數錯，有數人一錯；有屢犯之錯，有偶犯之錯；有罪之首犯，有罪之從犯；有難免之錯，有預謀之罪。對這些不同情況，若「一視同仁」，不加區別，必然大小混淆、輕重不分，必使人們視賞罰為兒戲，甚至眾叛親離。

2．**「寬嚴」文章做好，可起到深刻的教育作用**。因為人的思想在不斷變化，倘若給予悔改機會，必使其感戴而走上自新之路；客觀情況也在不斷變化，倘若對無法避免之錯、對從眾而趨之錯、對偶犯之錯能許以從寬，則也必使人們深記教訓，以戒後來。

3．**「小功不賞則大功不立，小怨不赦則大怨必生」**。一般來說，世無無功之人，亦無無錯之士，若見小功而不賞，必使人有「賞不信」之感，則大功也無興趣去立；若見小怨不赦，必使多人受罰，而激起眾怨之憤。而要「賞小功」、「赦小怨」，必得寬嚴相濟。

既然，賞罰必須寬嚴相濟，那麼，就必須制定一套寬嚴相濟的基本原則。這些基本原則應該是：對難中之動獎賞要寬，對易取之功獎賞要嚴；對左右局勢的重大功動獎賞要寬，對日常工作之績獎賞要嚴。對小錯要寬，對大錯要嚴；對偶犯要寬，對屢犯要嚴；對脅從要寬，對首惡要嚴；對危害輕微者要寬，對危害嚴重者要嚴；對無意者要寬，對有意者要嚴；對多數要寬，對少數要嚴；對一般者要寬，對突出者要嚴。

第八，法貴止奸，不在過酷。

處罰過酷，至少有兩害：一害「法令」。因為處罰過酷，必使人因懼罰而掩飾錯誤，甚至弄虛作假；或者因懼罰而「屈打成招」，若再以此為據加以處罰，則必使處罰失當而使法令失去其嚴肅性、真實性，最終必然形同虛設。二害賢能。錯誤和過失，任何人都在所難免，若處罰過酷，必使一部分賢能之士受到傷害，結果必是賢愚不分、忠奸不辨。既然處罰過酷有莫大之害，那就必須力求避免。首先，「法施於人，雖小必慎」。無論大錯小錯，只要施罰，就必須謹慎從事，不可草率處置，更不可草菅人命。接著，「立法貴嚴而責人貴寬」。只要認錯態度尚好，有悔改願望和表現，就應從寬處罰。最後，「賞不以爵祿，刑不以刀鋸」。堅決杜絕一切肉刑，並且要以法律的形式規定下來。

第九，賞罰據實，萬民齊焉。

古人言：「用得正人，為善者皆勸；誤用惡人，不善者競進。賞當其勞，無功者自退，罰當其罪，為惡者戒懼。故知賞罰不可輕行，用人彌須慎擇。」既然，「賞罰不可輕行」，必當慎重從事，而其慎重的最重要的一點，就是「賞罰據實」，亦即「賞當其勞」、「罰當其罪」。只有據實，才能決定是否賞罰，才能決定賞罰之輕重，才能服人、服眾。而要「據實」，必須注意——

首先，賞罰根據的惟一性。行賞的惟一根據是功，行罰的惟一根據是罪。除此以外，沒有任何理由和條件可以充作賞罰的根據，這就是賞罰根據的惟一性。韓非說「計功而行賞」、「賞不加於無功，罰不加於無罪」。賞既不可以「恩進」，也不可「巧賜」；罰既不可「由怒」，也不可「禍連」。明代張居正也曾建議皇帝：「臣願皇上慎重名器，愛惜爵賞，有功於國家，即千金之賞，通侯之印，亦不宜吝。」進一步強調了賞罰根據的惟一性，這就是是否「有功於國家」。唐太宗李世民一次量功封賞當內侍讀完封賞的名單後，淮安王李神通自以為功勞最大，又是皇上堂叔，對其封賞，憤恨不平，於是大聲稟告：「關西起兵，傾覆隋朝，臣首先舉兵回應。多年來臣跟隨陛下出生入死，戎馬倥傯，蕩平天下，功勞如何？可是定勳封爵，卻把只會舞文弄墨的房玄齡、杜如晦置我之上，臣實不解其故。」唐太宗聽了李神通的這番咄咄逼人之言，毫不客氣地說：「反隋義旗初舉，叔父你首先起兵回應。但是在山東與竇建德交戰時，你卻望風而逃，連連敗北，幾乎全軍覆沒。房玄齡佐助朕運籌帷幄之中，提出平定天下之大計，非匹夫可比。今日社稷安定，論功行賞，他們當然要居叔父之先。叔父身為皇親國戚，怎麼能功微而取高位？朕怎敢以私情而濫賞？」百官聽後，心悅誠服。

唐太宗對功臣封賞之後，回到後宮，有幾個近衛侍臣，未得官職，跪倒在地，淚水汪汪，悽楚地說：「當年陛下為秦王，我等忠心侍奉，今日天下已定，陛下卻將我等忘在腦後，請陛下三思！」唐太宗仰天長歎說：「你等侍我多年，幾經生死，朕當不忘。但人君辦事，應當公道。朕封官爵，皆量官而授。如果你等憑秦府舊屬，長期奉我而索取官爵，實不體面！朕也不敢以遠近親疏、個人恩怨，將官爵私自饋贈，請諸位體諒！」這幾個人聽罷，自慚形穢，索然而退。

其次，錯失未著，不可加究。以事實為據，是指以「既成事實」為據，而不是以「推斷事實」為據，因此，在事實尚未形成之前，絕不可以此為據，盲目賞罰。因為，事物發展千變萬化，「似乎如此」卻不一定符實。否則，容易造成「推斷錯誤」，容易造成「冤假錯案」，容易為「小人」趁隙，容易傷害忠直之士，容易激起眾心不服。三國時，「腦後長有反骨」的魏延，諸葛亮雖知其「胸懷反心」，予以「內控」，但藉其作戰英勇，在其反形未著時仍予以適當任用。直到諸葛亮臨終前，知魏在其死後可能謀反，才設計除之。而且，所設之計，也是在魏謀反大暴露之後才予以誅殺。

再次，「是非明而後可以施賞罰」。賞罰既然以事實為據，那麼，就必須對「事實」實施考察。如果「功錯」含糊不清，即使是以事實為據，也為徒然。而且，「功名之下，常有非實之加」。尤其是對那些握有重權者，小有名氣者，哄抬吹捧，在所難免；毀譽交加，是為常事。如不加慎重考察，往往上當受騙。所以，宋代蘇洵說：「有官必有課，有課必有賞罰。」明確強調，要把考察規定為對官吏監督的必要步驟，並把考察規定為賞罰的必要條件。對事實考察了解以後，還有一個公正評價的問題。因為，對許多事實的評價，常受人的認識所左右，同樣一件事，可認定其功（錯）大，也可認定其功（錯）小；可認定其有功（錯），也可認定其無功（錯）。有的認定甚至相反，把有功（錯）認定為無功（錯）；或把無功（錯）認定為有功（錯）。而且，這種認識和評價還常受人的情感好惡所左右。所以，公正評價事實，也是賞罰分明的重要一環，是賞罰據實的重要條件。

漢宣帝時，霍光的後人謀反，舉發告變者都得到了封賞，但在霍氏反跡不顯時就已再三提醒皇帝注意的徐福卻未受到任何表彰。某人為之不平，向皇帝上書，講了一個故事——有個客居者，看到主人家灶頭的煙囪是直的，旁邊堆著柴，就建議把煙囪改成彎的，把柴放得遠些，以免發生火災。主人沒有理睬這一合理的建議。不久，果然著了火，幸而許多人奮不顧身把火撲滅了，尚未釀成大患。事後，主人殺牛置酒，酬謝救火的人；被燒傷的居上座，而那位建議防火的人則根本不在酬勞之列。有人就對主人說，如果早能聽信客人的話，既不會發生火災，也不浪費酒肉了，為什麼設宴時，救火燒傷的人最受優待，而建議改造煙囪、移走柴草的人反倒未得一點好處呢？徐福的地位類似那位客人，如果他的話早被採納，既可省去封侯的破費，又可保全功臣後裔的性命。皇帝聽後隨即賞賜了徐福。

最後，因需而賞，據損而罰。「賞罰據實」，不僅是指賞罰的依據，而且也指賞罰的內容。即：賞什麼，必須根據對象的才能和需要；罰什麼，也必須根據損失的性質和大小；以及對象的可能。例如，某人只有勇力，而少智慧，你賞他為官，則為不妥；而在他窮困時，賞他錢財，則正是「雪中送炭」。再如，某人貪污造成集體經濟損失，你僅罰其勞役，就很顯得不足；而在罰其勞役的同時罰沒髒款，以彌補損失，就顯得很為合理。所以韓非說：「商君之法曰：『斬一首爵一級，欲為官者，為百十石之官。斬二首者爵二級，欲為官者為百石之官。』官職之遇，與斬首之功相稱也。今有法曰，斬首者令為醫、匠，則屋不成而病不已。夫匠者，手巧也；而醫者，齊藥也。而以斬首之功為之，則不當其能。令治官者，智慧也；今斬首者，勇力之所加也，以勇之所加而治智慧之宜，是以斬首之功為醫匠也。」韓非在這裏批評的正是商君不能據實而賞的錯誤，立有戰功，賞為醫、匠，其不妥之處顯而易見，而以勇力之功，賞為智慧之官，與賞為醫、匠又有何異？

第十，教令為先，誅罰為後。

古人曰：「善罰不如善政，善賞不如善教。教令為先，誅罰為後。」意即賞罰分明，必以教戒為先。因為——

1．**教戒可使法令深入人心，從而減少犯罪**。三國時，諸葛亮曾作《八務》、《七戒》、《六恐》、《五懼》，皆有條章，以訓勵臣子。但他並不滿足於既定「條章」，而以「教令為先，誅罰為後」，即先公布律令，再「教之以知」，然後依法以定賞罰。只要條章為眾人所知，賞罰分明，就能「不令而制」，做到「王道平平」。所以，後人對此評論諸葛亮「刑政雖峻而無怨者，以其用心平而勸戒明也」。

2．**教戒可使其知犯罪之害，處罰之因，從而減少重複犯罪**。有些錯誤或罪過是因為認識欠缺而致，只要稍加教育，就可使其深悔不已。而且，即使是有意錯誤或罪過，若能多加教育，使其認識錯誤之害，大多也能改過自新，不致於重複錯誤或重複犯罪。

3．**教戒可起到通過一錯（罪）而「育於萬民」的作用**。一人犯錯若就事論事，一罰了之，則眾人不知，無以從中吸取教訓。倘若將一人之錯（罪）剖析於眾，總結教訓和危害，則必能起到「以儆效尤」的作用，藉此而使眾人知曉法之所存，罰之所依，處之循理，必能減少犯罪，尤其是減少重複犯罪。

「教令為先，誅罰為後」，獎賞亦然。獎賞的同時若能律之以教育，使眾人明確獎賞的原因、依據，則不僅能激勵於一人，而且能激勵於眾。但是，如果單純施以獎賞，而不律之以教育，甚至連授獎者本身也不知獎賞之因和獎賞原則，則絕無教育之效，更無激勵眾人之效，甚至還能鬧出賜其賞而利其私的怪事來。

清朝乾、嘉年間，遼陽城裏出了一位才子，名叫王爾烈，曾為帝師。某日，王爾烈從江南主考歸來，恰逢嘉慶帝登基，帝召見他說：「老愛卿家境如何？」王回答說：「幾畝薄田，一望春風一望雨；數間草房，半倉農器半倉書。」嘉慶說：「老愛卿為官清廉，朕早知。朕派你去安徽銅山鑄錢，你去上幾年，光景就會不錯了。」王爾烈一去三年，又奉詔回到京城。嘉慶召王爾烈上殿說：「老愛卿，這一回可度餘年了吧？」王爾烈回手一掏，從套袖裏閃出了個銅錢來，只是一個個磨得溜光鋥亮，原來是鑄錢時用的錢樣子，說：「臣依然是兩袖清風，一無所有。」嘉慶帝見此情景，十分感動地說：「卿真是雙肩明月，兩袖清風啊！」從此例看來，王爾烈廉潔之風固然可敬，但嘉慶皇帝因其廉潔而獎賞其鑄錢之職，以利其特權謀私，卻也十分可笑。

◎技巧三：以用人不疑激發報效之心

任而不信，是一種虛偽的權術，最終必為人們所識破。而一旦識破，必然人心離散，甚至眾叛親離。但是，如果用人不疑，則情況大不一樣。因為，信任可以產生一系列重要的心理效應。它可以增強人的安全感，增強自信心，產生期待感，滿足人的心理需要，加強主動性與創造性。

第一，用人之道，要在不疑。

「將在外，君不疑者勝。」對人的任用，一般都以信任為前提，不信任無以談任用。而信任就意味著不疑，任而不疑才是對人的充分信任。人，只有在獲得充分信任的條件下，才能充分發揮其積極性和創造性，才能大膽工作，積極進取，竭盡其才。

首先，用人不疑，首在不疑權。俗話說：「威高震主、權高震主。」歷來的君主臣子、管理者和統御者對「權」字都是處於矛盾的心理狀態之中。部屬無權，則無以勝任工作；部屬有權，又怕心存異心。正所謂，權力這東西「放了，又怕飛了；握住，又怕握死」。這就形成了一種現象：即在起事之初，明智的統御者總是大膽放權，對部屬也是信而不疑；而一旦事成之後，或則將權力收回，或則「殺權臣以除憂」。宋朝趙匡胤黃袍加身以後，第一件事就是「杯酒釋兵權」，把權力從各將領手中收回來；漢高祖劉邦在「項羽未除，天下未統」之前，築壇拜將，授重權於韓信，使其大膽用兵，為漢室盡力；而一旦奪取「江山」，便疑懼韓信越來越大的勢力，便以「謀反」之名定其死罪。更有甚者，明朝朱元璋在奪取天下之前，任用賢才，虛懷納諫，而一旦奪取天下，卻懷疑昔日出生入死助其創業的功臣良將不忠乃至會造反，因而屢興大獄，次第翦除。

但是，一些對「權重遭疑」深有認識的「臣子」、部屬對此也是有辦法的。西元前二二五年，秦王政準備大舉伐楚，事前徵求老將王翦意見，王翦認為楚國地廣人多，兵力雄厚，提出要帶六十萬大軍出征，而青年將領李信卻說他只帶二十萬人馬就可討平楚國。於是，秦王便讓李信率軍伐楚。不久，李信就被楚將項燕打得大敗而回。這時，秦王只得請王翦出山。王仍堅持要帶六十萬人馬。秦王為了早日平楚，統一天下，只好答應王的要求，拜王為大將，率軍六十萬出征。在餞行宴上，王翦並沒有向秦王表示殺敵滅楚的決心和壯志。而是一再打躬作揖，請求秦王多賜田地房屋，以便使子孫後代留點家業。後來，王翦領兵經藍田至武關，一路上又連續五次派人回朝，請求秦王快點賞賜他田園房舍，結果引起了朝野上下的議論，甚至連他身邊的親隨人員都感到太過分了。而王翦卻笑著對左右說道：「你們有所不知，秦王交給我六十萬大軍，這幾乎是秦國的全部兵馬了，他怎麼能放心呢？一旦心生疑忌，輕則派人監督、束縛我用兵的手腳；重則解除兵權，甚至還會招來身首分家的禍患。我一再請求賞賜，正是藉此讓他相信我毫無反主篡位之心，使我能夠專心對敵，放手用兵。」果然，由於王翦這一「招數」，秦王一直很信任他。他放開手腳與楚軍作戰，最後終於大獲全勝，平定楚地。可見，權重不疑、信任始終是成事的極其重要的條件。

其次，用人不疑，當不疑事。用人的目的就是為了幹事，不為幹事而任職，除非是閒職。因人而設閒職又是用人之大忌。而要任幹事的實職，就不能疑其事。疑事必敗，是為常理。因為，任何事情的成功都離不開各方面的支援，尤其是離不開統御者的支援，而統御者既生疑忌，何能支援？統御者支援既失，事情必敗無疑。而且，任何事情的成功與捕捉有利時機又有很大關係，統御者疑慮其間，猶豫不決，或對部屬從中設阻，橫加干涉，時機必失。既失良機，必被動挨打，功敗垂成。而部屬事敗，越使統御者心生疑忌，如此惡性循環，必誤事、誤人，最終損失的是事業，慘敗的必是統御者自身。《三國演義》記述——正當諸葛亮在祁山前線連勝敵軍時，朝中宦官大肆造謠，「入內奏帝說孔明自倚大功，早晚必將篡國」。無知的劉後主竟聽信讒言，對諸葛亮心生疑忌，立即「遣使賫詔星夜宣孔明回」。孔明受詔後，不禁仰天長歎：「主上年幼，必有佞臣在側！吾正欲建功，何故取回？我如不回，是欺主矣。若奉命而退，日後再難得此機會也。」言畢，只得忍痛被迫撤軍，使連遭失敗的司馬懿得以喘息恢復。這充分說明疑事是用人之大忌，是成事之大忌。這正如呂尚所說：「國不可從外治，軍不可從中御，二心不可以事君，疑志不可以應敵。」即將帥受命以後，君主不可隨便懷疑將帥，尤其不可橫加干涉。只有「軍中之事，不聞軍命，皆由將出」才能克敵制勝。

最後，用人不疑，還應包括不疑言。作為部屬，遇事發表意見，本是正常現象，否則，要這些部屬何用。作為領導，首先應考慮其意見正確與否，是否合理，而不應首先考慮其用心，更不應無根據地猜疑，即便是日常有一些缺點者，甚至對工作不負責任者，也應首先從正面去理解其合理之處。只有這樣，才能使部屬暢所欲言、集思廣益，否則，必將言路閉塞，使部屬惟恐「禍從口出」，唯唯諾諾，「惟上」、「惟書」。使領導變成「孤家寡人」，以一人而治「天下」，以一言而理萬事，最終必將事倍功半，甚至一敗塗地。

春秋時，宋莊公會同齊、蔡、衛興兵伐鄭。鄭厲公欲戰，上卿祭足曰：「不可。宋，大國也，起傾國之兵，盛氣而來，若戰而失利，社稷難保；幸而勝，將結沒世之怨，吾國無寧日矣！不如縱之。」厲公因祭足之言未從己意，疑其有輕君之意，甚不樂，默然不語。祭足遂發令，使百姓城守，有請戰者罪之。宋公見鄭師不出，乃大掠東郊，以火攻破渠門，至於太宮，盡取其椽以歸，為宋盧門之椽以辱之。鄭厲公更加鬱鬱不樂，歎曰：「吾為祭仲所制，何樂乎為君？」於是陰有殺祭足之意。後來，殺祭陰謀未遂，自己卻出逃於蔡。其實，宋伐鄭，按其當時形勢，祭足之言確有道理，而鄭厲公卻以是否「順我」而斷，不僅疑其言，還陰謀殺其身，最後卻自取其禍，正是不能容人之言的必然結果。

不疑言，有一個重要要求，就是不能計較部屬進言的態度。往往忠直之士為情緒所激，在進言的時候，不注意自己的態度，尤其是在壞人當道，統御者昏庸的情況下，更是言詞尖銳，激昂慷慨，而這正是其忠心所在，赤誠之至，所以，統御者斤斤計較部屬進言的態度，必失忠言良策。

清朝道光年間，軍機大臣王鼎剛正耿直，素來厭惡另一軍機大臣穆彰阿的虛偽，更鄙視他誣陷林則徐等人的醜惡行經。在朝中，王鼎每次遇到穆彰阿，都要當面厲聲加以斥責，而穆因做賊心虛，總是「強為笑容，避之」。一次，二人同時被道光帝召見。王鼎當著皇帝的面，義正詞嚴地詰問穆：「如林則徐之賢，汝何故必令遣戍新疆？是南宋之秦檜，明之嚴嵩耳。行見天下事，皆破於汝手！」對如此理直氣壯的斥責，穆彰阿為之氣沮，「默然不與辯」。而這時不辨奸佞的道光帝反笑視王鼎曰：「卿醉矣。」命內侍扶之出。翌日上朝，王鼎在道光帝面前仍仗義執言，為林則徐申訴。可是，道光帝見其態度「惡劣」，疑其輕君，不容其言畢，即大怒，起身拂袖而去。王鼎在悲憤之餘，「歸而欲仿史魚屍諫之意，是夕，自縊死」。臨死前留下遺書，仍極力彈劾穆彰阿之奸，剖析林則徐的賢能與無辜。道光帝雖然對王鼎之死加以優恤，終因其言態度有犯而未採納其諫書。

第二，用人以專，不信讒言

用人不疑一個重要的要求就是：用人以專，不信讒言。管仲曾說過：「毋監於讒言，毋聽讒，聽讒則失士。信小人者失士。群徒比周之說勝，則賢不肖不分。」意為輕信讒言，必失賢士，奸臣朋黨讒諛得逞，則賢人不肖必無界限。對此，韓非曾列舉十二個諂諛之人的作為及其危害加以說明：「此十二人者之為臣也，皆思少利而忘法儀，進則揜賢良以陰暗其主，退則撓亂百官而為禍難，皆輔其君、共其欲，苟得一說於主，雖破國殺眾不難為也。有臣如此，雖當聖王尚恐奪之，而沉昏亂之君，其能無失乎？有臣如此者皆身死國亡，為天下笑……故曰：諂諛之臣，惟聖王知之，而亂主近之，故至身死國亡。」韓非認為這類近侍君主、專討君主歡心而陷害賢良的諂諛之臣，只有聖王能夠警惕，而昏主卻喜歡親近他們、信任他們，最後必然導致賢士引退，昏主也必然身死國亡。而且，讒言的指向多是忠誠剛直之士，因為，忠直之士主持正義，揭露奸偽，使諂諛小人大權難篡，巧利難得，陰謀難逞。既知讒言之害，必得設法「去讒」。那麼，怎樣具體「去讒」呢？

1．**辨讒**。「奸佞與忠良之臣，形相似而心不同也。」奸佞小人的讒言有很大的欺騙性，在一定的條件下和時間內很能迷惑人。所以，要「拒讒、去讒」，首先，必須

「辨讒」。而要認識和辨別讒言，必須從四點入手，(1)是辨讒於實。即認真考察和調查「來說是非者」所反映的「是非」是否屬實，是大部分屬實，還是不屬實。與事實有嚴重出入或是毫無根據者，一般來說，即為「讒言」。(2)是辨讒於行。即看一看彈劾別人的「進言」者自身行為如何，是一貫正派，還是一貫苟且；是言行一致，還是言行不一。自身一貫不正派、言行不一，而去攻擊別人「不是正派」者，大多為佞人讒言。(3)是待時而辨，即反映的問題一時不易搞清者，應按照「無問題推理」的原則，暫時不予考慮，待時而辨，隨著時間的推移，反映的問題自會清楚，彈劾者的面目也自然會瞭然了。(4)是觀察言態。一般來說，讒言陰巧詭祕，直言光明磊落；讒言模糊不爽，直言不諱。那些鬼鬼祟祟，暗進「主」門，專好「獨諫」言辭不爽，而又言語苛毒者，多為佞人讒言。

2．**懲處**。辨清讒言，處理辦法，惟有嚴加懲處，方能保護賢能，打擊邪惡，以戒他人。中國歷代對「進讒誣告」都是予以打擊的，有的甚至寫進了法律條文。例如，秦律中把「彈劾」和控告不實分為「端為」（故意）和「不端為」（無意）二種情況，前者就是「讒言」、「誣告」類。不論是前者還是後者，秦律規定都要受懲罰，但前者要比後者重得多。漢以後，對「進讒」、「誣告」者實行反坐制度，在法律上明文規定：「誣人以反……反受其罪。」到了唐朝，對誣告反坐做了一系列具體、詳細的規定。

「反」謂反坐，就是以所誣告的罪責反加於誣告人。唐律關於誣告反坐的規定，為歷代所繼承。元朝規定：「誣告者抵罪反坐。」明律、清律對誣告的處罰更嚴，並要誣告人對被誣告人賠償經濟損失。雖然古代封建統治者所定法律，許多受人的意志所左右而流於形式，但是既入律典，至少有一定程度的約束，並反映了古人對「是非」、「邪正」的態度和認識。

第三，用兵命將，以信為本。

「用人不疑」有一個重要要求，就是「以信為本」。即對部屬忠守信用。因為守信是對部屬的尊重和信任。反之，言而無信，則是對部屬的欺騙和玩弄。很顯然，這是極不得人心的事情，其結果必然是人心離散，人才盡去。忠守信用，在領導工作中具有極其重要的意義。它能是人們相互之間忠誠的表現，是相互之間建立安全感的依託，它能使統御者獲得部屬的看重和信任。忠守信用一般包括三個方面內容——

1．**是守時，即信守時約**。統御者安排工作，一般都少不了時間規定。時間一定，不可變更，更不可失約。否則，整個工作秩序將紊亂難收，更嚴重的是，部屬將對領導時約不予置信，不以為意，勢必造成失時成風，違約常見。到那時，嚴密的組織將渙散成沙，嚴謹的作風將蕩然無存。所以，自古以來，人們總是十分看重守時如約。三國時，曹植在合肥北外鄉致力開河工程，自己因受曹丕的排擠無力引兵。一次，約請老友張遼幫助，等了月餘未見張遼趕到，但堅信情誼和嚴守信用的曹植，仍在酷暑、乾旱中一天天地等著張遼，最後渴死在此外鄉的一個後人稱為「八鬥嶺」的地方。曹植知人不深而又對人過於信任是為可悲，但是張遼畏懼權勢，失約於友，也實為可恨。

2．**是守諾，即信守諾言**。統御者對內、對外，定約承諾，是為常事。它既是工作相互配合的要求，也是工作的目標和結果。諾言的兌現，即是相互配合的默契、工作目標的實現。統御者也在對部屬諾言的兌現中，一次次地提高威信，融洽感情，一步步地走向事業的成功。中國有個著名的故事——曾子的孩子哭鬧，曾妻便騙他說：「殺豬給你吃。」但曾子果然持刀殺了豬。這個當爹的就是在注意對兒子的信用教育，也是在樹立兒子對父母的信任。戰國時，秦國衛鞅實行新法，又怕新法沒有威信，老百姓不相信，推行不開，於是就想了一個辦法，叫人在南門立起一根木頭，下令說：「有將此木移至北門者，賞十金。」命令公布，老百姓都不相信有如此便宜之事，於是都站立不動。衛鞅見此又令人傳話，提高賞格。「有將此木移至北門者，賞五十金。」正當眾人半信半疑之時，一人上前扛起木頭徑直向北門走去，隨觀者潮湧，直至北門。衛鞅見此，大聲說：「百姓信我，我絕不失信於民。」便立即賞金五十。衛鞅立賞守諾之事，立即轟動全國，得到一致稱譽，新法也由此而得到有效地推廣。使守諾更可靠、更有基礎，統御者對具承諾言也應慎重，不可輕許重諾，不可約言無限，不可無信患作，不可唯諾而不及其他。否則，必將「口惠而鮮信」。甚至言而無信，失卻人心，失卻威信。

3．**是守令，即信守命令和政策，始終如一穩定少變**。古人曰：「輕諾必寡信，多易必多難。言多變則不信，令頻改則難從。」朝令夕改是「寡信」的重要表現，它將使部屬無所適從，舉步無向，亦使統御者自身指揮無力，形不成統一的目標和意志，最後必將失卻部屬的信任和看重。

第三章 英雄與梟雄的一線之隔

「殺」與治人攏心看來相去甚遠，其實不然。治人攏心最終是為了為我所用，其功利性非常突出，「可用」自然虛懷待士，不惜爵賞，使其甘心賣命；「不為我用或不欲用者」則殺之，以防為他人所用。其出發點是一致的，只是在「殺」之前虛以寬容，尋找機會和藉口；「殺」之後表示痛惜，為之唏噓流涕就可以了。

一、為自保，寧可我負人

——對個人能造成極大潛在危險的人，不問是否道德仁義，一概除之。

成大業者首先得以保住自身為前提，如果自身性命都保不住，何談以後的大業？英雄保自身者往往有兩種「高明」的辦法。一是在關鍵時刻以「自殺」的舉動來激起人們或部下保衛他的熱情和力量，當然也有另外情況，就是英雄本身真的要為他的事業肝腦塗地以身殉職。另一種辦法則是凡對我個人之存活能造成極大潛在危險的人，不問是否道德仁義，一概除之。對於像曹操這樣的人自然會選擇後者。

1・先下手為強

古人云：「兵有先天，有先機，有先手、有先聲……先為最，先天之用尤為最，能用先者，能運全徑矣。」由此得知，自保之術時效性極為重要，往往一念之差釀成千古之恨，必須力爭達到先發制人的效果。

曹操在拒絕了董卓的招任後，只帶了幾個親隨騎兵，溜出洛陽城來，抄小路朝東邊家鄉譙縣方向急馳。出了虎牢關，路過成皋時，到故友呂伯奢家借宿，發生了殺呂伯奢一家數口的事情。對這件事，史籍記載各有不同。

王沈《魏書》中說曹操到呂伯奢家時，伯奢不在，他兒子和幾個同伴搶劫曹操的馬匹和財物，曹操發覺後，親手將這幾個人殺死。

比王沈《魏書》稍為晚出的郭頒《世語》，所記則大不相同。說曹操到呂伯奢家時，伯奢外出了，在家的五個兒子熱情接待曹操，禮節很周到，但曹操因為是違抗董卓命令偷逃出來的，疑心主人要害他，於是趁著天黑用劍殺死了八個人逃走。比《世語》還要晚出的孫盛《雜記》，在《世語》記載的基礎上，增加了一個產生誤會的細節。說曹操到呂伯奢家後，聽到食器相碰發出的聲響，以為是兵器相擊發出的聲響，進一步以為是呂伯奢的兒子要殺害自己，於是決定搶先下手，趁著天黑將其殺死。事後還悽愴地說了一句：「寧我負人，毋人負我！」然後出門逃走。

《三國演義》在此基礎又進行了一番演義——

且說曹操逃出城外，飛奔譙郡。路經中牟縣，為守關軍士所獲，擒見縣令。操言：「我是客商，複姓皇甫。」縣令熟視曹操，沉吟半晌，乃曰：「吾前在洛陽求官時，曾認得汝是曹操，如何隱諱！且把來監下，明日解去京師請賞。」把關軍士賜以酒食而去。至夜分，縣令喚親隨人暗地取出曹操，直至後院中審究；問曰：「我聞丞相待汝不薄，何故自取其禍？」操曰：「燕雀安知鴻鵠志哉！汝既拿住我，便當解去請賞。何必多問！」縣令屏退左右，謂操曰：「汝休小覷我。我非俗吏，奈未遇其主耳。」操曰：「吾祖宗世食漢祿，若不思報國，與禽獸何異？吾屈身事卓者，欲趁間圖之，為國除害耳。今事不成，乃天意也！」縣令曰：「孟德此行，將欲何往？」操曰：「吾將歸鄉里，發矯詔，召天下諸侯興兵共誅董卓：吾之願也。」縣令聞言，乃親釋其縛，扶之上坐，再拜曰：「公真天下忠義之士也！」曹操亦拜，問縣令姓名。縣令曰：「吾姓陳，名宮，字公台。老母妻子，皆在東郡。今感公忠義，願棄一官，從公而逃。」操甚喜。是夜陳宮收拾盤費，與曹操更衣易服，各背劍一口，乘馬投故鄉來。

行了三日，至成皋地方，天色向晚。操以鞭指林深處謂宮曰：「此間有一人姓呂，名伯奢，是吾父結義弟兄；就往問家中消息，覓一宿，如何？」宮曰：「最好。」二人至莊前下馬，入見伯奢。奢曰：「我聞朝廷遍行文書，捉汝甚急，汝父已避陳留去了。汝如何得至此？」操告以前事，曰：「若非陳縣令，已粉骨碎身矣。」伯奢拜陳宮曰：「小侄若非使君，曹氏滅門矣。使君寬懷安坐，今晚便可下榻草舍。」說罷，即起身入內。良久乃出，謂陳宮曰：「老夫家無好酒，容往西村沽一樽來相待。」言訖，匆匆上驢而去。

操與宮坐久，忽聞莊後有磨刀之聲。操曰：「呂伯奢非吾至親，此去可疑，當竊聽之。」二人潛步入草堂後，但聞人語曰：「縛而殺之，何如？」操曰：「是矣！今若不先下手，必遭擒獲。」遂與宮拔劍直入，不問男女，皆殺之，一連殺死八口。搜至廚下，卻見縛一豬欲殺。宮曰：「孟德心多，誤殺好人矣！」急出莊上馬而行。行不到二里，只見伯奢驢鞍前　懸酒二瓶，手攜果菜而來，叫曰：「賢侄與使君何故便去？」操曰：「被罪之人，不敢久住。」伯奢曰：「吾已吩咐家人宰一豬相款，賢侄、使君何只一宿？速請轉騎。」操不顧，策馬便行。行不數步，忽拔劍復回，叫伯奢曰：「此來者何人？」伯奢回頭看時，操揮劍砍伯奢於驢下。宮大驚曰：「適才誤耳，今何為也？」操曰：「伯奢到家，見殺死多人，安肯干休？若率眾來追，必遭其禍矣。」宮曰：「知而故殺，大不義也！」操曰：「寧教我負天下人，休教天下人負我。」陳宮默然。

——上引幾說，哪一說更接近事實，已難斷定。如果第一說是事實，曹操屬於自衛，是鋤奸除害，其行動是無可非議的。如果第二、三說是事實，曹操的行為屬誤殺，有可理解的地方。因為曹操是在極為嚴峻的形勢下逃離洛陽的，隨時有被捕殺的危險，心情極度惶迫，神經高度緊張，加之食器相碰的聲音確實很像兵器相碰的聲音，在那種瞬間就可能喪失性命的情況下，又來不及做冷靜的思考和調查，於是就發生了不幸。

《三國演義》又添加了殺呂伯奢一節，不外是為了顯示其「奸詐」。其實，對於有雄心的政治家而言，他首先必須鞏固自己、保護自己。類似傳說，還有不少。比如：曹操曾對人說：「誰要想謀殺我，我就會出現心跳。」他對身邊的一個侍從說：「你身上藏著刀來到我身邊，我就說心跳得厲害，然後把你捉住。假如對你進行處罰，你不要說出是我讓你這麼做的，我一定會厚賞你！」這個侍從自然照辦，預先並沒有感到絲毫害怕，結果被殺。這個侍從至死也沒有明白這是曹操所使的詭計。但別的人卻以為這一切是真的，想要暗殺曹操的人從此感到灰心喪氣，不敢輕易動手了。

又比如，曹操準備接見匈奴使者，但自以為身材不高，相貌不威嚴，不足以對外國顯示威武，於是便讓相貌堂堂的崔琰來代替他，而自己扮成侍衛，握刀站在崔琰旁邊。接見結束後，曹操派間諜去問匈奴使者：「你看魏王這個人怎麼樣？」使者回答說：「魏王的儀表風度非常高雅，但握刀站在他身邊的那個人才真是一個英雄啊！」曹操得到報告，立即派人追上去把使者殺了。

這些傳說未必都是事實，其真實性更值得懷疑，唐代史學家劉知己在他的名著《史通》中就曾專門對此做過辨析，但至少是「查無實據，事出有因」的。曹操的權詐性格，在其政治、軍事活動和日常生活中都有表現，堪稱是一個不折不扣的權謀家。善用權謀，善於權變，在某些場合是完全必要的，比如在對敵的政治鬥爭中，特別是軍事鬥爭中，不用權謀，不善權變，不僅不能克敵制勝，連自身的生存都將成為問題，曹操對此有著清醒的認識，他在《孫子．計篇》注中說：「兵無常形，以詭詐為道。」也就是說在用兵打仗時必須詭詐，以適應戰場上千變萬化的形勢。曹操無論用兵、遣將、施術，都充分展示了他隨機應變的性格，可以說是將其詭道權詐之術發揮到了極致。

比如，官渡之戰中許攸來奔，曹操為表示竭誠歡迎，沒來得及穿鞋光著腳就迎出去了。曹操還因坐騎踐踏小麥而割髮自懲，雖有幾分玩弄權術的味道，但其目的還在維護法紀的嚴肅性，用意還是可嘉的。還有一個著名的「望梅止渴」的故事，說曹操有一次帶隊行軍，天氣炎熱，途中又找不到取水的地方，士兵眼看就渴得受不了了。曹操突然往下傳令說：「大家再堅持一下，前面有一大片梅林，結滿了梅子，甜酸甜酸的，可以用來解渴。」士兵們聽了，個個口中都分泌出唾液來，不再感到口渴，這樣一直堅持到了有水的地方。這自然是一個傳說，但頗符合曹操譎詐的性格。

曹操一生，確曾碰到過遇刺的危險。經常跟隨在他身邊的人，其中也有靠不住的。有一個內侍聯絡了幾個人，就曾想伺機刺殺曹操，只因許褚不離曹操左右，沒有機會下手。一次，這些等人趁許褚在帳外休息的機會，揣刀進入曹操帳內。恰在這時，許褚進帳，見這幾個人神色異常，頓時明白了他們的陰謀，於是將其一一擊殺。在這情況下，若曹操不能保護自身的安全，後果是難以預料的。

曹操平時對百姓和下屬的監視是很嚴密的。除了設置有公開的監察機構和司法官員，此外還設置有祕密監察下屬的校事，這些校事又往往由政治品質很差的人充任。有兩個名叫盧洪、趙達的校事，常以個人好惡擅作威福，法曹掾高柔建議曹操對這兩個人加以檢核懲治，但曹操不同意，說：「你對趙達等人的了解，恐怕不如我。要去辨刺探舉發這一類事情，讓那些賢人君子去辦肯定是辦不好的。過去孫叔通任用群盜，就是這個道理。」

曹操在這裏可以說是「用人惟才」了。但任用這些僅憑個人好惡辦事的人，必然會生出許多不明不白的冤案來。後來，趙達等人壞事做得太多，曹操才不得不把他們殺了。可見，曹操為了自保的確想了很多辦法，可以試想，如果在一個複雜的競爭環境裏，一個人想成就一番事業，不懂得自我保護，是根本談不上馳騁天下，諸葛恪的教訓就是一例。

諸葛恪領兵圍合肥新城，沒有攻下，退兵回吳。鄧艾對司馬師說：「孫權已經死去，大臣還沒有依附新主。吳國的名宗大族，都有自己的部下，倚仗兵勢，足以奪取帝位。諸葛恪新近執掌國政，他不去撫恤上下，用來鞏固自己，卻忙於外部事務，用全國的力量攻打新城，死了一萬多人，結果帶著災禍返回了吳國，這是他獲罪的時候。過去伍子胥、吳起、商鞅、樂毅全都得到當時君主的重用，而君主死後，都遭到了殺戮。況且諸葛恪還不及這四位古人，他的滅亡，指日可待。」諸葛恪回去後，果然被殺害。

因此，對於成大事的人來講，必須是先保護和鞏固自己，然後才能及其他。隋末年間，李世民促父親李淵在晉陽起兵，南征北戰，屢建奇功，而且收服了不少謀臣武將。李世民的哥哥李建成，雖沒有參加晉陽起兵，但在攻克首都長安這一段戰爭中也發揮了重要作用。李淵立建成為太子，但建成感到李世民實力強、威望高，功勞大，在其弟弟李元吉的支援下，準備除掉李世民。有一次李世民隨李淵一起到李元吉的齊王府，元吉想殺了世民，建成認為當著父王的面不好，沒殺成。不久，莊州總管楊文幹叛亂，事情牽涉到太子建成，李淵派李世民去平叛，並許願說平叛後立世民為太子。但事成後李淵又失信。

西元六二六年，據《資治通鑑》記載：「建成夜召世民。飲酒而鴆，世民暴心痛，吐血數升。」後因淮安王李神通扶送而得救，這次謀殺未遂，李世民的岳父長孫無忌、謀臣房玄齡、杜如晦都主張除去太子。建成、元吉一計不成，又生一計，用計收買和調走世民手下的武將，這是釜底抽薪計。但因李世民治人攏心有方，武將們效忠不走，建成、元吉此計再次落空。恰在此時，突厥南侵，建成向李淵提議由李元吉率兵出征，李淵同意。元吉提出要調世民手中大將尉遲敬德、秦叔寶等，並將世民手下精兵調歸自己，李淵又答應了。建成與元吉密謀，待建成、世民為元吉餞行時，派人刺死世民。但一名太子手下，將此密謀告知了世民，世民急告父李淵。李淵答應追究此事。李世民從以往李淵袒護建成的前例中，感到不能對李淵寄託太大。於是第二天早上，在建成、元吉入宮早朝之前，伏兵於玄武門，建成、元吉行至玄武門，李世民親手殺死了建成，元吉也被尉遲敬德殺死。建成和元吉部下見大勢已去，立刻潰散。李世民率諸將提著建成、元吉人頭拜見李淵，說建成、元吉謀反，已被誅殺，特帶兵前來保護父王。李淵害怕發抖，三日後立李世民為太子，並讓他現在就開始執掌國事。二個月後李淵退位當太上皇，李世民即位為唐太宗。

「當斷不斷，反受其亂。」李世民關鍵時刻，當機立斷、先發制人，導致了霸業的成功，可見，先發制人有時可以起到轉危為安的作用。

漢朝的青年班超，被派作為外交官的隨從武官，帶領三十六人，出使西域各國。首站到達鄯善國。鄯善國王頭幾天熱情招待，後幾天就冷淡起來。原來鄯善國處於匈奴與漢朝之間被爭奪的地位。班超敏感地覺得這一定是匈奴也派使者來了。現在這些匈奴人一定暗藏殺機。於是班超一行對負責招待他們的鄯善國人進行恐嚇，得到匈奴使者的人數和住宿地。然後，班超向手下三十六名武士分析形勢，這時只有上中下三策，下策是坐以待斃，中策是逃走，但逃不遠仍是死路一條，上策是先下手為強。大家自然選上策，便在當天夜裏摸到匈奴使者住處，匈奴使者毫無防備，一百多人全部在睡夢和慌亂中被殺。這樣，鄯善國同漢朝親近了。

2・能窺我心者不可留

說起曹操殺楊修，多數人會認為是因其「才高壓主」而遭殺身之禍。還有人認為是因為楊修參與了曹植與曹丕的太子之爭。這些都有一定道理，但最根本的原因是在於楊修能看透曹操心裏想什麼，這對於曹操來說實在是太可怕了，他能行王霸之道靠得就是治人心，如果自己的內心輕易被人看穿，那還了得。

楊修，字德祖，弘農華陰人，東漢當朝太尉楊彪之子。博學能文，才思敏捷。建安年中，舉為孝廉，任郎中，後被曹操任命為丞相府倉曹屬主簿，不少軍國大事都由楊修經手處理，楊修總是能做得讓人滿意，自曹丕以下，不少人爭相與之交好。他不僅是曹操的得力謀士，而且是曹操「鄴下文人集團」的重要成員，其文學造詣，與「建安七子」齊名。楊修的聰明能幹，既博得曹操的賞識，但他聰明過度也惹得曹操不快。

《三國演義》第七十二回記載——

楊修為人恃才放曠，數犯曹操之忌：操嘗造花園一所；造成，操往觀之，不置褒貶，只取筆於門上書一「活」字而去。人皆不曉其意。修曰：「『門』內添『活』字，乃闊也。丞相嫌園門闊耳。」於是再築牆圍，改造停當，又請操觀之。操大喜，問曰：「誰知吾意？」左右曰：「楊修也。」操雖稱美，心甚忌之。又一日，塞北送酥一盒至。操自寫「一合酥」三字於盒上，置之案頭。修入見之，竟取匙與眾分食訖。操問其故，修答曰：「盒上明書『一人一口酥』，豈敢違丞相之命乎？」操雖喜笑，而心惡之。操恐人暗中謀害己身，常吩咐左右：「吾夢中好殺人；凡吾睡著，汝等切勿近前。」一日，晝寢帳中，落被於地，一近侍忙取覆蓋。操躍起拔劍斬之，復上床睡；半晌而起，佯驚問：「何人殺吾近侍？」眾人以實對。操痛苦，命厚葬之。人皆以為操果夢中殺人；惟楊修知其意，臨葬時指而歎曰：「丞相非在夢中，君乃在夢中耳！」操聞而越惡之。

對於曹操殺楊修，歷史學家說法不一。有的認為，曹操殺楊修，是因楊修政治上支援曹植，為曹植爭太子位出了不少主意。今曹丕已立太子，怕他死後楊修繼續幫助曹植，引起兄弟不和，留下後患。有的認為，曹操殺楊修，是因楊修是袁術的外甥，政治上有異己之嫌。也有的認為，曹操殺楊修，是因為楊修聰明過人，才高壓主，曹操妒才，不能容之而開殺戒。筆者認為，最重要是在於他善於看透曹操，這才是曹操最忌恨的。這還可從楊修破譯曹操「雞肋」的口令得到進一步印證。

演義第七十二回在描述曹操與劉備的漢中會戰時講道——

操屯兵日久，欲要進兵，又被馬超拒守；欲收兵回，又恐被蜀兵恥笑；心中猶豫不決。適府官進雞湯。操見碗中有雞肋，因而有感於懷。正沉吟間，夏侯惇入帳，稟請夜間口號。曹操隨口曰：「雞肋！雞肋！」傳令眾官，都稱「雞肋」。行軍主簿楊修，見傳「雞肋」二字，便教隨行軍士，各收拾行裝，裝備歸程。有人報知夏侯惇，惇大驚，遂請楊修至帳中問曰：「公何收拾行裝？」修曰：「以今夜號令，便知魏王不日將退兵歸也：雞肋者，食之無肉，棄之有味。今進不能勝，退恐人笑，在此無益，不如早歸；來日魏王必班師矣。故先收拾行裝，免得臨行慌亂。」夏侯惇曰：「公真知魏王肺腑也！」遂亦收拾行裝。於是寨中諸將，無不準備歸計。當夜曹心亂，不能穩睡，遂手提鋼斧，繞寨私行。只見夏侯惇寨內軍士，各準備行裝。操大驚，急回帳召惇問其故。惇曰：「主簿楊德祖先知大王欲歸之意。」操喚楊修問之，修以雞肋之意對。操大怒曰：「汝怎敢造言，亂我軍心！」喝刀斧手推出斬首，將首級號令於轅門外。

由此不難看出，曹操殺楊修，表面上看是楊修的言論動搖軍心。實質問題正如夏侯惇所說「公真知魏王肺腑也」。其實，在曹操營中聰明人絕非僅楊修一個，能猜出曹操想法的也絕不只有一個楊修，只是這些人比楊修還要聰明一籌，更加了解曹操，所以不會去有意觸動他。楊修由於過於狂傲，使他沒能再深想一層，最終因恃才放曠而招致殺身之禍。

像楊修這樣的「傲才」三國時期還大有人在，蜀國的彭羕就是一例。

《三國志．彭羕傳》裏，一開始就講了他的傲姿：「身長八尺，容貌甚偉，姿性驕傲，多所輕忽。」彭羕的朋友極少，「惟敬同郡秦子敕」。經秦子敕極力推薦，他才到州裏做了一個小小的「書佐」。不知什麼原因，「為眾人所謗毀於州牧劉璋，璋髡鉗為徒隸」。堂堂的一個美男子，受到被剃去頭髮的刑罰，真夠恥辱。為了伸志雪恥，彭羕一聽到劉備入蜀的消息，立即「溯流北行」，去投劉備。經過長途跋涉，他先見到了劉備的軍師龐統。當時，龐統的辦公室裏坐著不少人，彭羕知道不是談話的時候，一步跨到龐統的床上躺下，對龐統說：「有事你先辦著，咱們一會兒再說。」龐統根本就不認識彭，見來了這樣一位客人，急忙辭走了眾人。彭羕說：「我還沒吃飯呢，吃飽了咱們再談。」飯後與彭羕一談，龐統斷定此人不凡，非常高興，就把他留下了。法正對彭羕也有了解，與龐統一塊向劉備推薦，劉備見後稱之奇，先讓他做了宣傳工作，彭羕幹這事綽綽有餘，幾件事辦下來，就得到了劉備的讚賞。

劉備攻佔了成都，一下子將彭羕提拔為「治中從事」，彭羕本就傲得厲害，登上高座，那傲氣簡直沖上了天，指手劃腳，盛氣凌人，說三道四，首先得罪了諸葛亮。諸葛先生給劉備吹了風，說彭羕不是個老實人。劉備一向敬重諸葛亮，聽了這話，對彭羕的看法起了變化，決定把彭羕從身邊調至江陽當太守。對劉備的這個決定，彭羕想不通，找到馬超去發牢騷。

馬超挑逗他說：「你是個了不起的人才，應當與諸葛亮、法正爭一個待遇，怎麼把你弄到那麼一個小地方去了呢？」這一挑不要緊，彭羕藉著酒勁罵開了劉備。「超問羕曰：『卿才具秀拔，主公相待至重，謂卿當與孔明、孝直諸人齊足並驅，寧當外授小郡，失人本望乎？』羕曰：『老革荒悖，可復道邪！卿為其外，我為其內，天下不足定也。』」這話的意思是，劉備這老糊塗，你別提他了。你在外邊領軍，我在朝內理政，天下難道不能安定嗎？為什麼非把我調走呢！彭羕正在氣頭上，一時衝動，說出有失理智之話。聽此言，馬超害了怕，趕忙報告了劉備，劉備一怒之下，把彭羕關進監獄。

彭羕進了獄，頭腦清醒過來。他給諸葛亮寫了一封很長的信，解釋自己的言行。他先稱謝劉備的厚待之恩：「從布衣之中拔為國士，盜竊茂才，分子之厚，誰復過此？」又對自己多喝了幾杯酒的衝動之言作了深刻檢查：「頗以被酒，侻失『老語』，此僕之下愚薄慮所致。」接著，又申訴說：「以為首興事業，而有投江陽之論……欲使孟起（馬超）立功北州，戮力主公，共討曹操耳！寧敢有他志邪？孟起之說是也，但不分別其間，痛人心耳！」

彭羕的這封信，直來直去，實實在在，入情入理，毫無隱瞞，按道理講，諸葛亮應當慎重思考，建議劉備寬恕彭羕。孰料諸葛先生對他的印象太壞，見了他這樣直率的信，視為大逆不道，竟然把他判了死刑：「案竟誅死。」

彭羕被殺了，究竟有什麼罪？諸葛亮、劉備能說清嗎？在那個年代，皇帝、丞相手裏有權，說讓誰死誰就得死，這沒什麼可說的。可說的是，彭羕得到此種下場，也是不奇怪的。缺少修養，自恃才高，說話不分場合，全然不顧影響，能不引起別人的懷疑嗎？如果再碰上愛添油加醋的人，豈能不倒大楣！《左傳》曰：「驕而不亡者，未之有也。」

3．紅白臉相間

這是據京劇臉譜化裝而取名的。在京劇裏，演員面部化裝以各種人物不同，在臉上塗有特定的譜式和色彩以寓褒貶。其中紅色表示忠勇，黑色表示剛烈，白色表示奸詐。不同的臉譜顯示了不同的角色特徵。紅白臉相間借用京劇臉譜的名稱，但它要比京劇中簡單化的臉譜複雜得多，它是寬猛相濟、德威並施、剛柔並用的綜合。是一種高級治心之術。作為統御者需應付的事、需對付的人各式各樣，所以只有一手是不行的。紅白臉相間也就是一文一武、一張一弛。既有剛柔相濟，又含恩威並施。互相包含，各盡其用。任何一種單一的治心方法只能解決與之相關的特定問題，都有不可避免的副作用。對人太寬厚了，便約束不住，結果無法無天；對人太嚴格了，則毫無生氣，或官逼民反，天下大亂，有一利必有一弊，不能兩全。高明的統治者深諳此理，為避此弊，莫不運用紅白臉相間之策。有時兩人連檔合唱雙簧，一個唱紅臉，一個唱白臉；有更高明者，像高明的演員，根據角色需要而變換臉譜。今天是溫文爾雅的賢者，明天變成殺氣騰騰的武將。歷史上不乏此類高手善用此法之例證。

前文已述曹操父子對文士恩信有加，但是他們殺起文士來，也毫不猶豫。殺楊修就是一例，還有丁儀兄弟也同樣。他們不是死在才上，也不是死在與曹操關係疏遠上，恰恰相反是死在他與曹氏關係過於密切上，在丕、植兄弟的政治鬥爭中陷得太深了。正中《三國志》所說「植既以才見異，而丁儀、丁廙、楊修等為之羽翼」，曹丕後來繼曹操殺楊修之後，殺掉了丁儀兄弟，是完成其父想殺而沒有殺完的的遺願，為著鞏固統治的同一目的。此前尊後殺就是紅白臉相間的治心術。

無獨有偶。東魏獨攬大權的丞相高歡臨死前，把他兒子高澄叫到床前，談了許多輔佐兒子成就霸業的人事安排，特別提出當朝惟一能和心腹大患侯景相抗衡的人才是慕容紹宗。說：「我故不貴之，留以遺汝。」當父親的故意唱白臉，做惡人，不提拔這個對高家極有用處的良才，目的是把好事留給兒子去做。高澄繼位後，照既定方針辦，給慕容紹宗高官厚祿，人情自然是兒子的，慕容紹宗感謝的是高澄，順理成章兒子唱的是紅臉。沒幾年，高歡的另一個兒子、高澄的兄弟高洋順順當當登基成了北齊開國皇帝。這是父子連手，紅白臉相契，成就大事之例。

朱元璋上臺也想把這齣紅白臉之戲再演一回，可惜太子是一個心慈面善之人。他見父親朱元璋大開殺戒，誅殺開國有功之臣，時常苦勸。為教育兒子，一天，朱元璋準備了一個滿帶荊刺的木杖，扔到地上，叫太子去那裏拿起。太子顯得為難。朱元璋得意地教訓他說：「你拿不了吧。讓我把刺先替你修剪乾淨，再傳給你，這難道不好嗎？我如今所殺之人，都是天下最危險的人。把這些人除掉，傳給你一個穩穩當當的江山，這是你的福分。」沒想到太子並不領情，還說「上有堯舜之君，下有堯舜之民」。這話在我們聽來是很有道理的社會互動理論，但在朱元璋聽來，卻是百分之百的屁話，氣得他操起坐著的竹榻，向兒子砸去，兩人你追我趕地在深宮大院中鬧將起來，也顧不得什麼體統和尊嚴了。兒子沒等登基就死了，等到朱元璋長孫繼位後，滿朝的能人都被斬淨殺絕，實在找不出「帶荊刺」的人來對付燕王朱棣的「靖難之師」了。朱元璋的白臉唱過了頭，後邊的紅臉也就無法唱了。由此看來，紅白臉相間既是方法，又是藝術，要真正演好它，也真要花些功夫。

真正得到曹操真傳的要算清朝的乾隆皇帝了。乾隆帝靠著人才濟濟的智力優勢，靠著康熙、雍正給他奠定的豐厚基業，也靠著他本人紅白臉相間的韜略雄才，做起了中國歷史上福氣最好的皇帝。他在位六十一年。晚年寫詩自詡的是「十全大武功」，用漢、滿、蒙、回四體文字把《十全記》鐫刻在避暑山莊裏樂滋滋地自我品嘗，這些還不夠，後來乾脆稱自己是「十全老人」。上述只是他的武功。他的文治也是兩手齊備，紅白臉間有。他會唱紅臉，對知識分子採用懷柔政策。他規定見了大學士，皇族的老老少少們要行半跪禮，稱「老先生」；如果這大學士還兼著「師傅」，就稱之為「老師」。自稱「門生」或「晚生」。同時，一方面大搞正規的科舉活動，不斷羅致文人仕士加入為朝廷服務的隊伍；另一方面開博學鴻詞科，把那些自命遺老或高才、標榜孤忠或寫些詩文發洩牢騷的文人、或不屑參加科舉考試而隱居山林又有些威望的隱士，由地方官或巡遊大臣書薦上來，皇帝直接面試。乾隆搞了三次，錄用二十四人。錄用者自己春風得意，自然也感激皇恩浩蕩；落榜的百餘人，也無面目自命遺老孤忠去諷刺朝政。

乾隆對被自己親自面試的錄用者關心備至，如其中有個叫顧棟高的人，錄用時，年歲就不小了，當時授予國子監司業之職；到年老辭官時，乾隆親自書寫了兩首七言詩加以褒美；後來，乾隆下江南，又親賜御書，躍級封他為國子監的祭酒官。乾隆對這些知識分子真是恩愛有加，他甚至親筆諭曰：「儒林是史傳所必須寫入的，只要是經明學粹的學者，就不必拘泥於他的品級。像顧棟高這一類人，切不可使他們沒沒無聞啊！」遵皇帝旨意，史館裏特設《儒林傳》名目，來專門編寫大知識份子的學術生平。平時，乾隆對上送的奏章，凡見到鄙視「書生」、「書氣」的議論總是給予批駁，說：「修己治人之道，備載於書，因此，『書氣』二字，尤可寶貴，沒有書氣，就成了市井俗氣。」而且還說：「我自己就天天讀書論道，因此，也不過是個書生！」為籠絡讀書人，竟達到如此境地，紅臉唱得似乎前無古人。

乾隆之所以如此做，全是出於維護他們的皇權至上、族權至上、朝廷至上的目的，是要保持「大清」永不「變色」。誰要是在這方面稍有越軌，紅臉馬上轉換成白臉，滿臉堆笑換成殺氣騰騰。管你是有意無意，或是或非，都立即被逮捕入獄，輕者「重譴」、「革職」，重者「立斬」、「立絞」，甚至處死後要「棄市」、「寸磔」，已死的也得開棺戮屍，連朋友、族人也統統跟著倒楣。

乾隆在位期間，以文興罪的文字獄，有案可查的竟有七十餘次，遠遠超過他的先輩們，這也是空前絕後的。內閣學士胡中藻，寫過一本《堅磨生詩抄》，乾隆皇帝久候等人告發，無奈無人告發，自己索性上陣「御駕親征」，道：「『一把心腸論濁清』，加『濁』字於國號之上，是何肺腑！」又說：「至若『老佛如今無病病，朝門聞說不開開』之，尤為奇誕！我每天聽政召見臣工，何乃『朝門不開』之語！」還指出：「所出試題，有『乾三交不象龍』……乾隆乃是我的年號，『隆』與『龍』同音，其詆毀之意可見！」對於「南斗送我南，北斗送我北，南北斗中間，不能一東闊」一詩，他又說道：「南北分提，一再反覆，是什麼意思?!」於是，下詔棄市，族人年十六以上者全斬，胡中藻的老師鄂爾泰的靈牌也被撤出「賢良祠」，鄂氏之子、巡撫鄂昌，因曾與胡唱和，也令自盡。這僅是文字獄中的一件。乾隆這一手也夠厲害的了，只搞得文人士人人自危，幾篇遊戲之章，幾句賞花吟月之詞，也往往弄出個莫須有的罪名，乾隆這白臉鞏固了自己的地位，但也嚴重地窒息文化、學術的發展。

二、治對手，必以狠為先

——「人生如戰場」，因此，必須「治人而不治於人」。「欲成霸業，必行霸道」，優柔寡斷，婦人之仁，是成不了大事的。

亂世爭霸，不同於治世為傑，有時它需要在同對手的鬥爭中用赤裸裸的「狠」勁，甚至以殘酷性來使他人感到只有屈服別無選擇。因為，成功的女神只鍾情於那些有膽有識，敢冒巨大風險，有著堅忍不拔的毅力，為達目的百折不回，並善於運用各種手腕來形成強大的優勢力量，抓住對手的弱點，一舉將其擊倒的強者。這是利用心理震懾力使人屈從的一種治心術。

1．大開殺戒，以殺立威

在軍事鬥爭中，為了立威，震懾對手，必須設法攻破敵人的薄弱力量，使其土崩瓦解；或設法斬囚，使敵人斂暴；或殺幾個壞人，以改變社會風氣；或下令屠城，以儆其餘，此為以殺立威。

興平元年（西元一九四年）曹操打著為父報仇的旗號，實行了一場殘酷的大屠殺，以此拉開了他掃平天下之大業的序幕。

初平四年（西元一九三年）夏天，在漢末亂世中橫絕一時的董卓遇刺後，長安政府陷入紛亂，名存實亡。關東領袖袁術，又被新興的曹操擊敗，天下的秩序似乎整個顛倒過來了。陶謙認為時機到了，決心以徐州為根據地，參與爭奪天下的行動。

但謹慎的陶謙仍不願自己出面，他製造了一個傀儡政權闕宣，在他管轄下的下邳城稱帝。首先他攻打已被分割的青州，並且攻佔青州泰山郡的華城及貴城。陶謙接下來的目標是司隸區，因此必須先經過曹操的地盤兗州。陶謙自信實力十足，他不向曹操打招呼就直接攻入曹操控制的兗州南端的任城。

在和袁術做了四個多月的辛苦追逐後，曹操想讓軍隊徹底休息，所以暫時不理會陶謙的攻擊，只嚴守幾個重要地方，甚至故意讓出兗州南區，讓陶謙自由出入，充分顯示不願正面對抗的姿態。等到秋天，兗州地區收成完畢，曹軍糧秣充實，曹操認為該是採取行動的時候了。但他不和陶謙的遠征軍隊正面敵對，進而採取「圍魏救趙」的策略，直接攻打徐州。由於陶謙率領主力在外，徐州守軍又缺乏作戰經驗，很快被曹軍連續攻下數十個城池。接到緊急軍情的陶謙才知道中計，立刻火速趕回徐州，在軍事重鎮彭城城北的原野布陣，準備進行一場大會戰。

長期固守徐州的陶謙，既不「知己」，又不「知彼」，徐州軍大多是農夫，根本不善騎馬，主力部隊也是以步兵為主；相反，曹操本人最擅長指揮騎兵突擊戰，曹軍陣營中最具有摧毀力的也便是騎兵部隊。因此在平坦空曠的原野中佈陣，還沒開始，戰爭的勝敗便早已決定了。曹操的騎兵部隊，餓虎撲羊般地衝向手持短兵器、又缺乏機動性的徐州軍，徐州軍遭到無比慘重的屠殺，死傷一萬餘人，血流成河，屍體把泗水都堵塞了。陶謙只好往東撤退到一百五十里外的郯城，徐州的領地也喪失一大半。

興平元年（西元一九四年）春，曹操由徐州返回甄城，才接到父親曹嵩被陶謙部將劫財殺害的凶耗。他發誓向陶謙報仇，夏天一到，他便編組軍隊，二度攻擊徐州。

由於第一次東征時，曹操已擁有彭城及下邳郡，為紀念遇害的父親，曹操在這裏建築一座曹公城。他藉口替父親報仇，竟向睢陵、夏丘等郡縣的徐州百姓進行大規模屠殺，不留下一個活口，舉世為之震驚。由於曹操的報復行為太過殘暴，北海太守孔融及原公孫瓚盟友的劉備，也仗義前來幫助陶謙。

因郯城的防守相當堅固，徐州人民的向心力又強，曹操第二度東征，戰略上是採取徹底的包圍戰，他計劃逐步消滅郯城周邊的徐州軍隊，以孤立郯城內的陶謙主力部隊。

經過幾次的對陣，陶謙對曹軍的戰鬥力也有相當的了解。他避免純野戰式的決勝方式，而改採攻守互為犄角的方法。曹操得知徐州的佈局之後，很快便發現陶謙的企圖及弱點。徐州軍缺乏實際作戰經驗，彭城會戰時曹軍兇猛無比的毀滅性打擊，大概已將他們嚇壞了。陶謙自己帶主力部隊躲在防守堅固的郯城，作為先鋒的襄賁城及曹豹、劉備的犄角部隊又力量太弱，根本缺乏戰鬥力。表面似乎積極備戰，其實襄賁軍及曹豹軍仍是消極用來防守郯城的。換句話說，陶謙和他的徐州軍都已無再戰的鬥志了。

因此，曹操派曹仁佈陣在襄賁城外野，封鎖住陶謙出城的企圖，自己則親自指揮主力軍，攻擊曹豹及劉備的聯合部隊。果然不出所料，眼見曹豹及劉備聯軍節節敗退，陶謙的主力部隊卻不敢出城。曹操立即將軍隊調過頭來，配合曹仁攻打襄賁城。

襄賁城守軍看到曹豹軍隊潰散，士氣低落，不到三天便被曹軍攻破，曹操下令進行他一生中難得一見的殘酷大屠殺，兵鋒所到之處，血流成河，幾至雞犬不留。駐守郯城的陶謙看得心驚膽戰，便下令棄守郯城，投奔揚州的丹陽郡。

曹操雖然藉口報父親及弟弟被殺之仇，而進行慘酷的屠殺，其實由他弔祭父親的詩詞《善哉行》看來，父子的感情並不深，加以彼此在政治立場上不同，因此對父親被殺的怨恨及傷心，應不致使他如此喪失理性。曹操攻打徐州，與其說是報仇，不如認為是擴充自己地盤及力量的行動。他在徐州所進行的慘酷屠殺，與其視為怨恨，不如看作政治上的恐怖訴求。徐州人民很少接受戰爭的恐怖洗禮，對陶謙的向心力較高，用這種驚嚇人心的恐怖屠殺，的確最容易摧毀徐州軍民的士氣。

西元一九八年，曹操攻下彭城後，又像當年東征陶謙一樣，下令屠城，不少無辜百姓慘遭殺害，真可謂是「一將功成萬骨枯」啊！

2．只有永恆利益，無永恆朋友

常言說：「沒有永恆的敵人，也沒有永恆的朋友，只有永恆的利益。」曹操在選擇打擊目標時，同樣遵循利益的原則。因此，他在同劉備的鬥爭中，就經歷了一個由合而分、由友而敵的過程。

劉備與曹操，可算得上是同齡人，在三國，一個被稱為「英雄」，一個被稱為「奸雄」。三國的政治風雲、軍事搏鬥，在很大程度上，由這二人操縱著。曹操要統一天下，劉備也要天下一統；曹操想當皇帝，劉備做皇帝的癮頭更大。二人在爭人才中爭天下，展開了長達幾十年的較量。客觀地比，「英雄」在與「奸雄」的較量中是處於下風的。當初，曹操青梅煮酒論英雄，三國強人眾多，為什麼曹操獨稱劉備是個英雄？諸葛亮雄才大略，為什麼對劉備俯首聽命，矢志不移？這說明，在劉備的身上，有一種與眾不同的東西。

在曹操看來，劉備與眾不同，是其政治才幹和政治抱負；在諸葛亮看來，劉備與眾不同，除了其政治才幹和政治抱負外，他有一種凝聚人心的力，因他是漢室後裔。

曹操東征徐州時，劉備同青州刺史田楷一起前往救援，被陶謙表舉為豫州刺史。陶謙死後，接替陶謙為徐州牧。

佔據淮南想往北面擴展勢力的袁術，對劉備據有徐州自然是不滿的，曾多次對他發兵攻擊。曹操為了穩定兗州東部邊境的局勢，也為了利用劉備來對付袁術和呂布，對劉備採取了籠絡的策略。建安元年（西元一九六年），曹操表薦劉備為鎮東將軍，封宜城亭侯。對劉備的部屬也進行拉攏，想藉此對劉備集團逐步進行分化瓦解。獻帝都許後，曹操特地寫了《表麋竺領嬴郡》一文：「泰山郡界廣遠，舊多輕悍。權時之宜，可分五縣為嬴郡，揀選清廉以為守將。偏將軍麋竺，素履忠貞，文武昭烈。請以竺領嬴郡太守，撫慰吏民。」

麋竺，字子仲，東海人，祖上是商人，有雇工上萬人，資產上億。原為陶謙別駕從事，後奉陶謙遺命迎劉備為州牧。建安元年（西元一九六年），劉備敗於呂布，妻兒被俘，麋竺不僅在人力、物力和財力上大力支持劉備，使之得以復振，而且還將自己的妹妹嫁給了劉備。曹操表薦麋竺為嬴郡太守，自是具有其深意在的。嬴郡，郡治在嬴縣。從泰山郡劃出的五縣，是嬴、武陽、南城、牟和平陽。但麋竺沒有接受曹操的表薦，仍然跟著劉備。曹操還同時舉薦了麋竺的弟弟麋芳，讓他去做彭城相，麋芳也沒有到任。這是曹操的失策，也說明劉備自有籠絡人的高招。

袁術雖曾多次興兵攻擊劉備，但一直未能奏效。最後勾結已投奔劉備的呂布，由呂布出兵打敗了劉備。劉備在不得已的情況下，率部投歸了曹操。程昱見劉備來奔，立即建議曹操說：「劉備是一個有雄才大略的人，而且很得人心，終究不會甘居人下。不如趁早把他殺掉。」見曹操沉默不語，程昱又說：「劉備頗有英雄志向，現在不趁早殺掉他，將來肯定會成為一個禍害。」

曹操一時拿不定主意，於是去徵求郭嘉的意見。

郭嘉沉思了一下，說：「程昱的意見是對的。不過，您起義兵，除暴亂，就是誠心誠意地招攬四方俊傑，也還怕人家不肯前來。劉備有英雄的名聲，因走投無路而來投奔我們，如果把他殺了，肯定會落下一個害賢的名聲，智謀之士從此將會產生疑慮，本來打算前來的都會另打主意了。這樣，您將依靠誰去平定天下呢？殺掉一個人，卻使天下人失望，其中的得失，是不可不加詳察的。」

郭嘉所見，顯然要比程昱深遠，曹操聽後，高興地說：「您說的確實很有道理。」

回過頭來，曹操又去做程昱的工作，對他解釋說：「現在我們正是需要收攬英雄的時候，如果因殺掉一個人而失去天下的人心，那就太不划算了！」

於是，曹操對劉備加以厚待，不僅表薦他為豫州牧，還給他補充兵員，調撥軍糧，讓他仍然駐屯小沛，對付呂布。

曹操擒殺呂布後，劉備隨曹操回到許都，曹操表薦他為左將軍，任命關羽、張飛為中郎將。劉備原為徐州牧，徐州既已收復，按理應把徐州歸還給他，但曹操卻讓他的心腹車胄做了徐州刺史，鎮守徐州，而把劉備帶回許都，目的是為了便於就近控制，以免放虎歸山，可見曹操雖然表面禮遇劉備，但實際上是懷著很深的戒心的。

劉備對曹操的用心自然也很清楚，因此到許都後，一方面為寄人籬下的境遇苦惱，隨時都在考慮如何脫離曹操，另圖大業；一方面又深知自己處境的危險，因此處處小心，不露鋒芒。為了表示對政治漠不關心，劉備甚至閉門謝客，把自己關在後院種菜。關羽、張飛對此表示不滿，他解釋說：「我哪裏是個種菜的人呢！只不過是為了消除曹操對我的懷疑罷了。這不是一個可以久留的地方。」

曹操自然也不會被表面現象所迷惑，他深知劉備頗具才能，善於籠絡人心，又是漢獻帝的同族，在士族中享有號召力，絕不可對他掉以輕心。劉備在許都期間，曹操經常派人到劉備住處去窺測監視。一次，曹操宴請劉備，酒喝到半酣時，突然看著劉備說：「當今天下英雄，只有您和我了。袁本初一類人，是算不上數的。」

劉備以為曹操看破了自己的偽裝，聽後猛吃一驚，手中拿著的筷子掉到地上。曹操感到奇怪，劉備趕緊掩飾。恰巧這時天邊滾過一個響雷，劉備急中生智，說：「聖人說『迅雷風烈必變』，看來確實是這樣。一個響雷的威力，竟會如此厲害！」

曹操聽了，將信將疑，但也不便再說什麼。

劉備知道曹操防著自己，從此更加提高了警惕。一次，劉備陪同曹操到郊外打獵，有一陣曹操周圍的人跑散了，關羽勸劉備乘機殺了曹操，劉備沒有照辦。後來劉備南依荊州劉表，曹操揮師南征，劉備敗退夏口，關羽還為此責怪劉備，說：「當初打獵時，要是聽我的話，把曹操殺了，就不會有今天這種倒楣事了！」

劉備解釋說：「當時也是為了國家愛惜人才。如果天道輔正，怎能知道我們今天這樣就不是福氣呢？」

劉備這樣解釋，當然只不過是為了把話說得冠冕堂皇些罷了。他當時不殺曹操，倒不是想要為國家愛惜曹操這個人才，而是因為曹操耳目眾多，在事先毫無準備的情況下貿然行事，縱然行刺成功，自己也絕難脫身，所以只得權且隱忍，以待良機。

建安四年（西元一九九年）春，獻帝的丈人、車騎將軍董承接受了獻帝寫在衣帶上的密詔，要劉備除掉曹操，劉備參與了這一密謀。還未等到採取行動，恰好碰上袁術想從下邳北上青州的事情。曹操準備派兵阻截，劉備乘機要求承擔這一任務，曹操便派朱靈等人同他一起帶兵東進。

劉備離開許都以後，程昱、郭嘉等人才得知消息，趕緊跑來勸阻曹操說：「您上次不肯殺掉劉備，考慮得確實要比我們深遠。但今天您把兵權交給劉備，他肯定會產生異心！」停了一下，又明確表示說：「千萬不要把劉備放走！現在放走劉備，變亂很快就會產生了！」

董昭也跑來勸阻曹操，說：「劉備勇悍而又志向遠大，關羽、張飛做他的羽翼，其野心恐怕是難以預測的。」

曹操聽了這些意見，有些後悔，但一來已有令在先，不便更改，二來劉備也已經走遠，追也追不上了，只好作罷。

劉備到達下邳後，袁術南逃，不久病死，曹操命劉備率軍回許都。劉備讓朱靈等人先行返回，以減少下邳的曹軍力量，然後發動突然襲擊，殺死徐州刺史車胄，公開背叛了曹操。之後，派關羽駐守下邳，行使太守的職責，自己率軍回到小沛駐守。

劉備打起反叛大旗，頓時引起連鎖反應。由於曹操根基不牢，還有不少郡縣脫離曹操，歸附劉備，使劉備的軍隊增加到幾萬人。劉備派孫乾前往冀州，與袁紹連合，共同對付曹操。

曹操得到劉備反叛的消息，立即派司空長史劉岱、中郎將王忠前去討伐，未能取勝。劉備對劉岱等說：「像你們這樣的角色，就是來上一百個，又能把我怎麼樣？就是曹操親自前來，結果如何也說不定呢！」

建安五年（西元二〇〇年）下月。董承等人謀殺曹操的事情敗露，參與者全被曹操處死。這時，曹操同袁紹的關係已經非常緊張，雙方陳兵官渡一線，戰爭大有一觸即發之勢。同袁紹決戰之前解除後顧之憂，曹操決定發兵東征劉備。諸將擔心部隊出發後，袁紹從後面發動襲擊，紛紛前來勸曹操說：「同您爭奪天下的人是袁紹。現袁紹正率兵向南集結，而您卻撇開他東征劉備，要是袁紹來抄我們的後路，怎麼辦？」

曹操回答說：「劉備是一個豪傑，現在不打垮他，將來肯定會成為我們的後患。袁紹雖有大志，但反應遲鈍，肯定還不會立即採取什麼行動。」

郭嘉支援曹操的意見，說：「袁紹遲鈍而且多疑，即使發兵前來攻打，也不會那麼快。而劉備剛起兵反叛，人心還未完全歸附，儘快發兵攻打，一定能夠將他打敗。這是一個事關成敗的時刻，不能錯失良機。」

曹操聽了，不由得高興得說了一聲：「對！」於是安排諸將留守官渡，自己親自帶著一支精兵東征劉備。

曹操由於擔心袁紹起兵南下，因此這次軍事行動採取了迅雷不及掩耳的攻勢。而劉備以為曹操正忙於對付袁紹，絕不可能抽出身來率兵東討，因而放鬆了戒備。當偵察兵突然前來報告，說曹操已經親自帶兵前來，劉備不禁大吃一驚，但緊跟著又有些不大相信。他帶著幾十名騎兵親自前去探看，當看到曹操的帥旗時，已經來不及組織抵抗。劉備見情勢危急，只得丟下軍隊，獨自逃往青州投奔袁譚去了。曹操活捉了劉備的部將夏侯博等人，到小沛全數收編了劉備的軍隊，並俘虜了劉備的妻子兒女。接著，曹操乘勢圍攻關羽駐防的下邳，關羽孤立無援，難於抵敵，只得向曹操投降。

就這樣，曹操很快將劉備擊敗，重新奪取徐州。他調董昭做徐州牧，自己率軍回到官渡。不出曹操所料，袁紹在這段時間未對南邊採取任何行動。

曹操在不同時期、不同情勢下對劉備採取的對策，充分說明了爭霸是不求永恆敵友的。當然曹操按照這一原則所採取的對策，大體說來都是適時對路的。劉備第一次來投奔他，他聽從郭嘉意見，不殺劉備，這使他保持甚至是進一步宣傳了自己愛惜人才、廣納英雄的形象。他表薦劉備為豫州牧，讓劉備出守小沛，有效地利用劉備的力量來對付呂布，在包圍下邳、擒殺呂布的戰鬥中還直接藉助了劉備的力量。將劉備置於對抗呂布的第一線，面對強敵，客觀上也有利於遏制劉備勢力的發展。擒殺呂布後將劉備帶回許都，更是為了控制劉備而走出的一著好棋。已將劉備穩在許都卻又將他放走，是曹操不慎走出的一步險棋，是明顯的失誤，實踐也證明他走出的這步棋產生了嚴重的後果。曹操的可貴之處在於，他很快從失誤中清醒過來，並立即採取行動，利用袁紹見事遲疑、舉棋不定的機會和劉備錯誤估計形勢、放鬆戒備的時機，果斷出擊，擊敗劉備，不僅化險為夷，消解了因放走劉備而產生的嚴重後果，還進一步鞏固和加強了自己對徐州的統治，消除了劉備這個心腹之患，避免了以後和袁紹決戰時可能出現的腹背受敵、兩線作戰的局面，為官渡之戰的勝利進一步創造了條件。

後來，赤壁之戰前後的孫、劉、曹三方關係的變化也說明了這樣一個道理。當曹操大軍南下，降劉琮，滅荊州，矛頭直指向孫、劉時，孫、劉只有如下選擇：一是投降，一是聯合抗曹，別無他途。在當時，曹操最強，孫權和劉備任何一方，憑己之力，都難抗拒，只有並力拒操，才能圖存並有希望取勝。因此，當曹操南征時，孔明和魯肅不約而同提出「劉、孫聯合抗操」的決策，它完全符合雙方的利益，故劉備和孫權都樂於接受。但在赤壁之戰以後，由於劉、孫之間存在荊州問題未解決，彼此必然是同床異夢，各懷鬼胎。曹操則利用孫、劉之間的矛盾，進行分化拉攏。曹、劉之間不存在和解的可能，曹操只能向孫權方面著手，他以許割江南為誘餌，暗使孫權襲擊正在勝利進軍樊城的關羽，自己則坐山觀虎鬥。曹操的計謀終於得逞，孫、劉聯盟瓦解。荊州被襲，劉備伐吳慘敗後，劉、孫出於抗曹圖存的共同利益，又重申舊盟。蜀、吳從聯盟變成敵國，又從敵國恢復舊盟，以及東吳從反操到投操，後又抗操的事實充分說明：沒有永遠的盟國，也沒有永遠的敵國，一切都以利益為轉移。

3・順我者昌，逆我者亡

從建安元年（西元一九六年）迎獻帝都許到建安二十五年（西元二二〇年）正月去世，在這「挾天子以令諸侯」的二十四年中，曹操遇到了來自方方面面的抵制和反抗。除了以孫權、劉備為代表的武裝集團將他視為「漢賊」，不斷對他進行口誅筆伐和武裝征討外，劉氏王室勢力和曹操陣營內部的擁漢派及其他反對勢力也採用各種手段同他進行較量。在這種情況下，如何對待王室不滿勢力，是考驗曹操是否具備王者風度的一個關鍵問題。在這個考驗面前，曹操進行了針鋒相對的鬥爭和毫不手軟的鎮壓，掃除了前進道路上的一個個障礙。

獻帝自到許都後，生活雖比在洛陽和長安時安定，但精神上卻感到越來越孤寂和痛苦。他手中毫無實權，純粹是一個掛名的皇帝。曹操派了七百精兵圍守皇宮，這些人全是他的故舊親朋，名義上說是護衛獻帝，實際上是在那裏執行監視的任務，獻帝就像一個囚徒一般，一言一行都沒有自由。陪侍的官員差不多也都是曹操的親信，獻帝想找個人說句知心話都不可能。議郎趙彥，看著獻帝可憐，不時陪獻帝說點有關時局的話，甚至提出過一、兩點建議，這事被曹操知道後，惹得他大不高興，很快找個藉口把趙彥殺了。獻帝身邊類似趙彥這樣的人，被殺的不只一個兩個。這事對獻帝刺激不小，有一次曹操入宮朝見，獻帝不勝恐懼，竟對曹操說出了這樣的話：「您如能輔佐我，就希望對我厚道一些；如果不能，就希望能垂恩把我放了！」

曹操聽了，頓時大驚失色，連忙告辭出宮。按照制度，三公領兵者朝見皇帝時，要在持戟交叉的武士中前行，曹操出宮後，竟因此而緊張得汗流浹背。為防不測，從此以後曹操不再入宮朝見獻帝。

太尉楊彪，同袁紹一樣出身世代官僚地主家庭，曾祖楊震、祖父楊秉、父楊賜，都曾在朝任三公之職，極有影響和勢力。獻帝剛都許時，大會公卿，曹操上殿，見楊彪有不悅之色，頓時驚覺起來，深恐被暗算，還沒等到設宴，便藉口不舒服要上廁所，回到了自己營中。曹操從此忌恨上了楊彪，必欲除之而後快。建安二年（西元一九七年），袁術稱帝。曹操藉口楊彪與袁術有姻親關係，誣陷他企圖廢掉獻帝，下令將他逮捕，準備處死。孔融得到消息，來不及穿上朝服，就跑去見曹操，說：「楊公四世清德，海內所瞻。《周書》上說父子兄弟罪不相及，何況將袁氏的罪行歸到楊公身上呢！」

曹操搪塞說：「這是上面的意思。」

孔融緊追不捨：「假使成王要殺邵公，周公能說他不知道這事嗎？今天如果橫殺無辜，我孔融堂堂魯國男子，明天就要拂衣而去，不再上朝了！」

孔融的強硬態度，使曹操不得不有所收斂。加之尚書令荀彧和許令滿寵都有意維護楊彪，楊彪才得以安然釋放。此後，楊彪見漢室日漸衰微，曹操獨攬了朝政，於是假稱有腳疾，十餘年不出門，這才保住了性命。

隨著時間的推移，獻帝越來越受不了曹操的專橫威逼，終於採取了一個大膽的反抗行動，這就是建安四年（西元一九九年）的「衣帶詔事件」。

建安十九年（西元二一四年）十一月，又發生了一件震驚朝野的事情。建安五年（西元二〇〇年）正月曹操處死董承等人時，不肯放過已經懷孕的董貴人，這件事使獻帝和皇后伏氏受到很深的刺激。伏后擔心自己將來落得同董貴人一樣的下場，便給她的父親屯騎校尉伏完寫了一封信，以激烈的言辭敘述了曹操殘暴侵逼的情景，要伏完暗中設法除掉曹操。伏完沒有董承那樣的膽量不敢輕舉妄動。

建安十四年（西元二〇九年），伏完死去。幾年後，到建安十九年十一月，這事不知怎麼敗露了出來。曹操下令追查，果然搜出了伏后當年寫的那封信，不禁勃然大怒，立即逼迫獻帝廢黜了伏后，命御史大夫郗慮持節去收繳皇后的印綬，並命尚書令華歆為副手，帶兵進宮，逮捕伏后。

當伏后得知華歆帶兵進宮的消息，急忙緊閉宮門，躲進夾牆之中。華歆毫不留情，下令士兵毀壞宮門和夾牆，將伏后拖了出來。獻帝正陪著郗慮坐在外殿，伏后披散著頭髮、赤著腳走到獻帝面前，流著眼淚問：「皇上，您就不能救救我了嗎？」

獻帝心中悽楚，但也只能無可奈何地回答：「連我自己都不知道能活到哪天啊！」說完，回過頭去對郗慮不無悲憤地說：「郗公，天下難道竟有這樣的事嗎？」郗慮只能默不作答，伏后旋即被押到暴室，幽閉而死，兩個皇子同時被毒死。伏氏兄弟及宗族因牽連此事而被殺者有一百餘人，其母盈等十九人則被強制遷往涿郡。

4・對於叛己者殺無赦

曹操做魏公、魏王後，內部還發生過幾次規模不等的武裝叛亂，曹操對這些武裝叛亂更是毫不留情地給予了迅速有力的鎮壓。

建安二十三年（西元二一八年）正月，在許都爆發了一場主要由擁漢派勢力策動的叛亂，參加者主要有京兆人金禕、少府耿紀、司直韋晃、太醫令吉本、吉本之子吉邈和吉邈之弟吉穆等人。金禕是漢武帝時名臣金日磾之後，自以為世代都是漢朝忠臣，見魏將代漢，於是憤然自勵，打算復興漢朝。耿紀是光武帝大將之後，見曹操即將自立，也決心起兵除掉曹操。當時留守許都的是丞相府長史王必。曹操任用王必時，曾專門下過一道手令：「領長史王必，是吾披荊棘時吏也。忠能勤事，心如鐵石，國之良史也。蹉跌久未辟之，捨騏驥而弗乘，焉惶惶而更求哉？故教辟之，已署所宜，便以領長史統事如故。」

早在建安元年（西元一九六年）以前，王必就已經在曹操軍中任職，曹操因此稱他為「披荊棘時吏」。後來有一段時間沒有任職，所以曹操說捨棄了千里馬沒有騎。當時關羽強盛，威逼許都，曹操讓王必留守許都，給予充分信任。有趣的是王必同金禕雖志向不同，兩人私交倒還不錯。吉邈、吉穆雖同金禕、耿紀一樣反對曹操，但他們並不是想匡扶漢室，而是想殺掉王必，挾持獻帝以攻曹魏，南引關羽作為外援。各方想法不同，利害不一，計劃不周，注定了必然失敗的命運。

建安二十三年正月，吉穆等率閒雜人員及家僮千餘人夜燒王必軍營，金禕又派人到王必營中充當內應。王必受到內外夾攻，倉促應戰，肩部受傷，逃奔南城。天亮後，叛軍見王必還在，加之受到穎川典農中郎將嚴匡攻擊，紛紛逃散，一場叛亂很快破產。

曹操逮捕了耿紀、韋晃等人，耿紀直呼曹操其名，並說：「恨我自己沒有拿定主意，竟被這幫小兒所誤！」韋晃則拼命叩頭擊臉，直至死去。耿紀、韋晃及吉氏兄弟均被屠滅三族。

十餘天後，王必傷重不治而死。曹操得到報告，十分震怒，於是將在許都的朝廷百官召到鄴城，讓在王必軍營被燒時參加救火的人站在左邊，沒有參加救火的人站在右邊。眾人以為參加救火肯定不會有罪，紛紛站到左邊。誰知曹操突然宣布：「沒參加救火的人沒有幫助造反，參加救火的人都是造反的強盜！」

結果將站在左邊的人通通處死。

第二年九月，當曹操西征劉備尚未回師，而關羽又在南邊猛攻樊城的危急時刻，在鄴城的魏諷又密謀聚眾發動武裝叛亂。魏諷，字子京，沛人，頗有煽惑人心的本事，在鄴城名聲很大，自卿相以下不少人爭相與之交往，因此被相國鍾繇任為西曹掾。魏諷趁曹操大軍尚未返回的機會暗中聯絡徒黨，同時與長樂衛尉陳禕聯絡，企圖一舉襲佔鄴城。誰知還沒等到約定的舉事時期，陳禕害怕了，向留守來函城的曹丕告了密。曹丕立即採取措施，鎮壓了叛亂，魏諷被殺，牽連被殺的達數千人。事後，相國鍾繇被免職，負責鄴城治安工作的中尉楊俊被降職。

曹操得到報告後歎息說：「魏諷之所以敢於謀反，是因為我的部下沒有能夠防止反叛的人。哪裏能有像諸葛豐那樣的人，讓他去接替楊俊呢？」

黃門侍郎劉廙的弟弟劉偉被魏諷拉攏，參與反叛密謀。按當時法律「連坐」的規定，劉廙也應被處死。但劉廙鄙薄魏諷的為人，曾勸劉偉不要同魏諷來往。陳群去為劉廙說情，曹操回答說：「劉廙是一個名臣，我也打算赦免他。」並特地下了一道手令：「叔向不坐弟虎，古之制也。特原不問。」

《左傳．襄公二十一年》載——晉下卿欒盈之母是晉卿范宣子的女兒，因與其家臣私通被欒盈發覺，便反誣欒盈欲危害范氏，范宣子便將欒盈趕出晉國，並殺死了欒盈的同黨叔虎等人，把叔虎的哥哥叔向也關了起來。後大夫祁奚說服范宣子赦免了叔向。曹操不殺劉廙當然不是為了遵循什麼古制，而是因為劉廙確曾反對魏諷，在這裏表現出了一點區別對待、實事求是的精神。

文欽因曾與魏諷有聯繫，被抓進監獄，鞭撻數百。本應處死，曹操因其父文稷立過戰功，看在其父面上，也給予了赦免。

王粲的兩個兒子在這次平叛中牽連被殺。王粲於建安二十二年（西元二一七年）春病死，到這時不過兩年多。曹操得知消息，感歎說：「要是我在，一定不會讓仲宣斷了後！」這次叛亂雖然還沒有來得及正式發動，但牽連被殺的人卻達數千人之多，可見曹丕手段的殘酷絕不在曹操之下。曹操這一次多少表現出一些同情心，大約跟他不在平叛現場，態度較為冷靜有關。曹丕後來根據曹操的旨意，把王粲堂兄王凱的兒子王業過繼給王粲，算是給王粲延續了後嗣。

此外，在鄴城還曾發生嚴才發動的叛亂。嚴才率其部屬數十人攻打掖門，大司農郎中令王修得知消息，來不及準備車馬，便同其部屬步行趕到宮門參與平亂。曹操在銅雀臺上看都沒看就說：「那個往這裏趕的人一定是王叔治。」足見曹操認人之準。這次叛亂規模不大，很快就平息下去。

三、為服眾，尋找替罪羊

——縱橫天下，挫折難免，為了擺脫困境，化被動為主動，轉嫁災禍，必須有「捨車保帥」的勇氣。

在尖銳複雜的軍事政治鬥爭中，少數居於最高權位的統御者，總是竭力將自己裝扮成「真理的化身」、「一貫正確」的領袖。他的政績簿上，除了「輝煌業績」，還是「輝煌業績」，似乎他從來就不會犯錯誤。事實真相是他們一旦犯了錯誤，首先，在可能的情況下，硬將過失說成是成績；其次，文過飾非，用花言巧語掩蓋錯誤；再次，以大功來抵消小過；最後，在實在無法掩飾的情況下，厚著臉皮，將過失和錯誤全部推到某個倒楣的下屬身上，讓他來替自己承擔責任。這就是一些善用權術的統御者常用手法。曹操則更勝一籌，因為，他的替罪羊不是臨時找的，而是事先就安排好的。

1．借頭撫眾，以安眾心

據《三國志．武帝紀》載——建安二年（西元一九七年），袁術欲稱帝於淮南，使人告呂布。布收其使，上其書。術怒，攻布，為布所破。秋九月，術侵陳，公東征之。術聞公自來，棄軍走。袁術逃跑之後，其部李豐等大將固守壽春，兩軍曠日持久相持不下，致使曹操軍隊在糧草供給上產生困難，這時發生一件曹操借頭撫眾的故事。

曹操率十七萬大軍外出打仗，與敵方相持很久不能取勝，十七萬人每日耗糧巨大，諸郡又連年饑荒大旱，接濟不上。曹操想催促軍隊速戰速決，敵方李豐等卻閉門不出。曹軍相持了一個多月後，糧食到要用完，只得寫信給孫策求救，借了糧米十萬斛，仍不能滿足支配。

曹操心中非常著急，一天，他把總管全軍糧秣的典倉吏叫來，問他現有糧食還能支援幾天。典倉吏說：「照正常用法，只夠支援三兩天了。」曹操沉吟了好一會兒，說：「這件事務必嚴守祕密，一點兒不能洩露。不然的話，將士們聽說沒糧食吃了，必定驚惶不安，軍心一亂，局面將不可收拾。另外，請你務必想出一個辦法，用現有糧食多維持幾天，只要堅持三天，我就能解決一切問題。」典倉吏說：「惟一的辦法，是在分發糧食時不用大斛（一種量米的容器，古時一斛為十斗），一律改用小斛發放，這樣能多維持幾天。」曹操說：「就按你的辦法做吧。」典倉吏提出個問題：「軍士們吃不飽肚子，會產生怨心，那怎麼處理？」曹操笑了笑說：「我會有辦法的。」

實行小斛分糧以後，曹操祕密派人去各營中觀察士兵的反應，果然聽見士兵們紛紛抱怨：「飯都不給吃飽，這仗還怎麼打？」有的人大喊：「我們捨生忘死打仗廝殺，長官不把我們當人看待，老子不幹了。」還有自作聰明的人故意神祕地談自己的推測：「我看，定是敵人把我們的糧道截斷了，後方運糧過不來，曹丞相也沒了辦法。咱們不是戰死，也會餓死。」這些議論都被密探們報給曹操。

當天晚上，曹操把典倉吏叫來，對他說：「我今天要借你一件東西，來穩定軍心，平息怨氣。你千萬不要吝嗇。」

典倉吏問：「丞相要借什麼東西？」

曹操說：「我需要用你的頭來示眾。」

典倉吏大吃一驚：「我……我……我沒犯什麼罪。」

曹操說：「我知道你沒罪，但是不殺你示眾，立刻就要發生兵變了，那時你我全都死無葬身之地。我不會忘記你今天這一大功，以後一定會妥善照顧你的妻子兒女。」說完，不容典倉吏再開口，下令刀斧手把典倉吏推出帳外，就地斬首，用高竿挑著人頭在營中示眾，並張榜宣布：「典倉吏克扣軍糧，貪污自肥，今已依軍法處決。」全軍官兵見到布告和人頭，都信以為真，埋怨情緒都打消了。

曹操又乘機激勵將士，做了美餐，飽吃一頓，下令傾全力向敵人發起總攻。經過一場血戰，打垮了敵人，奪得了敵人糧草輜重。一場危機就這樣度過去了。

四、用計謀，殺人不見血

——既要清除政敵、排斥異己，又正當用人之際，不能失信於天下，這時最好的辦法就是自己不動手，由第三方力量出面解決。

像曹操這種號稱「任天下之智力」來奪天下的人，如果落個隨隨便便就能殺人的名聲，那實在是大大的不妙，而對方又一個必須除掉的人，這時怎麼辦？「己所難措，假手於人，不必親行，坐享其利。」利用他人力量，去戰勝對手，自己不動刀槍，達到「兵不鈍而利可全」的目的。

1．把燙手山芋甩給別人

有一種人無論有多大才能，但是很難派上用場。究其原因，是這種人的性格嚴重缺陷，狂躁得很。老子天下第一，把誰也不放在眼裏。姑且稱其謂「狂才」。狂才，狂來狂去，弄得誰也不願用他，空有大志，無法施展，下場很糟，抱恨終生。禰衡就是這樣一個人。

禰衡在三國時有一定名氣，但《三國志》裏沒有給他立傳。因其太狂，總得留下點東西。《平原禰衡傳》介紹他說：「恃才傲逸，臧否過差，見不如己者不與語，人皆以是憎之。」他從荊州北遊至許昌，有人對他講：「你有高才，何不到陳群、司馬朗帳下去幹一番。」他說：「陳群、司馬朗猶如那屠夫和賣酒的人差不多，我才不去呢！」有人問他：「既然如此，你認為曹營中誰最有才幹呢？」衡曰：「大兒有孔文舉（孔融），小兒有楊德祖（楊修）。」聽他這口氣，有人又問：「那麼曹操、荀彧、趙稚長總是蓋世之才吧？」禰衡說：「荀彧長相不錯，可借用其面弔喪；趙稚長得大腹便便，當個伙夫還可以。」

孔融向曹操推薦禰衡，曹操召見時不命坐。禰衡仰天歎曰：「天地雖闊，何無一人？」曹操說：「我手下數十人，都是當世英雄，怎說無人？」禰衡說：「我願聽一聽你手下都有哪些英雄？」曹操說：「荀彧、荀攸、郭嘉、程昱，機深智遠，不在漢初蕭何、陳平之下。張遼、許褚、李典、樂進，勇不可當，雖岑彭、馬武不及也。呂虔、滿寵為從事，于禁、徐晃為先鋒；夏侯惇天下奇才，曹子孝世間福將。——安得無人。」禰衡譏笑說：「你說錯了，這些人我都了解：荀彧可使弔喪問疾，荀攸可使看墳守墓，程昱可使關門閉戶，郭嘉可使白詞念賦，張遼可使擊鼓鳴金，許褚可使牧牛放馬，樂進可使取狀讀詔，李典可使傳書送檄，呂虔可使磨刀鑄劍，滿寵可使飲酒食糟，于禁可使負版築牆，徐晃可使屠豬殺狗，夏侯惇為『完體將軍』，曹子孝呼為『要錢太守』。其餘都是衣架、飯囊、酒桶、肉袋！」

當時張遼在場，氣得七竅生煙，要斬禰衡。曹操止住，並說：「我正少一個擊鼓的人，就讓禰衡充當此任。」禰衡也不推辭，應聲而去。

第二天，曹操大宴賓客，令禰衡擊鼓。按規矩，鼓吏擊鼓時須更換衣帽，禰衡便當眾脫下舊衣，裸體而立，渾身盡露，在座的賓客羞不敢看。禰衡自己卻顏色不變，徐徐著褲。這時曹操叱曰：「廟堂之上，何太無禮？」禰衡說：「欺君罔上乃謂無禮。我露父母之形，可顯清白之體耳！」曹操說：「你為清白，誰為汙濁？」禰衡說：「你不識賢愚，是眼濁；不讀詩書，是口濁；不納忠言，是耳濁；不通古今，是身濁；不容諸侯，是腹濁；常懷篡逆，是心濁！我是天下名士，用為鼓吏，是猶陽貨輕仲尼、藏倉毀孟子耳！欲成王霸之業，而如此輕人耶？」曹操苦笑著說：「本欲辱衡，衡反辱孤。」

孔融見自己推薦的人實在不成體統，就批評禰衡，讓他第二天去給曹操陪個不是。曹操當真相信禰衡來道歉，就下命令接見他。禰衡走到曹營門口，不再進去，一邊用拐杖敲地，一邊大罵曹操不止。禰衡三番二次當面辱罵曹操，且鋒芒畢露，罵得盡情、暢快，罵的方法奇絕。讀此文，可知天下會罵人者莫若禰衡。韓信能忍胯下之辱是在成事之前，而曹操身為丞相，地位顯赫，卻能承受一個光著屁股的人當眾指著鼻子謾罵奚落，勝過韓信十倍。

在曹操心裏這種人是絕不能留了，可是又不想落個殺人的名聲，於是就派人把彌衡捆在馬上，送到劉表那裏去了。劉表得禰衡，很是高興一陣，待禰衡為「上賓」。不料禰衡很快就與周圍的人鬧僵，在一些人的挑唆下，劉表又轉手將禰衡送給了黃祖。黃祖一介武夫，哪能容下這個狂士，不久就把他殺了。禰衡死時，年僅二十四、五歲。「衡以交絕於劉表，智窮於黃祖，身死名滅，為天下笑者，譖諸有形也。」

2·促使對方自相殘殺

行借刀殺人之計還有一種就是用反間計，使對方聯盟內部發生內訌，自相殘殺，最後除掉自己想除掉的對手。《韓非子．內儲說下》載——鄭桓公準備攻打鄶國，他先派人探查鄶國的英雄豪傑、忠臣良將和智謀高超、驍勇善戰的人，列出名單。申明一旦打下鄶國，將把鄶國的良田分送給他們，並分封官爵。然後，鄭桓公又在設立祭壇，把寫下的名單埋在土裏，以雞豬之血祭之，對天盟誓，永不負約。鄶國國君得知，以為自己國內有人在叛國，一怒之下，把鄭桓公所列名單上的人全都殺掉了。鄭桓公乘機興兵攻打鄶國，不費吹灰之力奪取了鄶國。曹操也曾使用間用計打破西涼兵。

曹操在使用離間計戰勝對方時，也做的非常自然，不露蛛絲馬跡，使對手難辨真假，不覺中計。關於曹操巧用離間計鬥馬超、韓遂，《三國演義》和《三國志》的記載基本相符。《三國演義》中「曹操抹書間韓遂」部分是這樣記述的——

在潼關一帶的幾次較量中，曹操曾幾次被馬超所困。一天，曹操在臨時築起的土城上，又見馬超引數百騎直突其大寨之前，往來如飛，勇不可擋。他恨恨地說：「馬兒不死，吾死無葬身之地矣！」但曹操畢竟久經戰陣，老謀深算，他暗想，如果用計是可以擊敗馬超的。於是，他分軍為二，密令徐晃、朱靈渡河而西，在馬超大營背後結下營寨，對馬超、韓遂採取前後夾攻的陣勢。馬超得報大驚，遂與韓遂商議對策。部將李堪獻策說：「不如割地求和，雙方暫且罷兵。等挨過冬天，到春暖花開再作計較。」馬超對此議雖然猶豫不決，但韓遂及部將卻覺得可行。於是，便派使者向曹操提出割地請和之事。曹操當時未置可否，只是打發使者先回，說來日派人回話。

曹操部下賈詡對他說：「兵不厭詐，可以先答應他，然後用反間計，令韓遂、馬超兩相猜疑，則一鼓可破矣！」曹操聞計大喜，立即回書韓、馬說：「等我慢慢撤退兵馬，然後再歸還你們的河西之地。」佯裝罷兵言和。馬超認為，曹操奸雄難測，雖然許和，也須嚴加提防。於是，他與韓遂也分軍為二，分頭輪流注視曹操和徐晃的動靜。曹操得知西涼兵的部署後，對賈詡說：「大功即將告成！」

第二天，正好是韓遂與曹操對壘，曹操在眾將護衛下出營。韓遂的部卒多數只知道曹操的大名，但卻沒有見過他的面。曹操出陣後，西涼兵爭相觀看。曹操在陣前大聲對他們說，「你們想看看我曹公嗎？我也是人呀，並沒長著四隻眼睛兩張嘴巴，與常人比，只不過智高謀多罷了。」曹操接著便使人約韓遂會話。於是，曹操和韓遂各棄甲仗，輕裝單馬出至陣前。二人馬頭相交，互相對答。曹操開口便說：「我與將軍之父同舉孝廉，我曾尊他為叔父。我也與將軍一起踏上仕途，轉眼已經多年了。將軍現在妙齡多少？」韓遂回答說：「已經四十歲了。」曹操接著又說：「記得昔日在京師時，我們都是青春少年，不想現在已是中年。怎樣才能夠使天下太平無事，我們再一起歡樂相處呢？」曹操只是頻頻地敘說舊事舊情，一直不提及眼下的兵戰之事，說完又大笑不止。在旁觀者看來，這不像是戰場上敵對雙方的統帥，倒像一對久別重逢的故舊知交。就這樣，兩人談了約一個時辰，便告別回馬。馬超聽說這一情況後，立即追問韓遂，韓遂具實以告。馬超疑心重重，根本不相信曹、韓二人只談往事，不言軍情，他擔心這其中有什麼交易瞞著自己。但又抓不到真憑實據，只好無言而退。

曹操回寨後，即與賈詡談了陣前約談韓遂之情，賈詡認為，此意雖妙，但仍不能離間二人。隨即他再上一計說：「馬超乃一介武夫，不善於識別計謀。丞相可以專為韓遂親修一書，在書中的要害之處，自行塗抹改易，令其朦朧看不清，然後單送與韓遂，設法使馬超知道此事。」賈詡認為，馬超一定會索書觀看，看則必生懷疑，再聯想到日前陣戰約談之事，就要因疑生亂。他建議曹操再暗自聯結韓遂部將，讓他們離間韓、馬。

這樣一來，馬超也就不難對付了。曹操立即按計修書一封，並故意多遺從人將信送到韓遂大營。馬超知道後果然產生了懷疑，他便直接到韓遂處索要書信。馬超一見信上改抹的字樣就問韓遂，韓遂也納悶異常，他告訴馬超說：「原信就是這樣，不知何故。」任韓遂怎樣解釋，馬超就是不信。馬超埋怨韓遂不並力殺賊，忽生異心的不義之舉。韓遂無法辯白，只得說：「你如果不相信我的話，明天我再到陣前騙出曹操會話，到時一槍結果了他。」馬超這才滿意地說：「如果真這樣，方見叔父的真心。」

第二天，韓遂引五將出陣，馬超藏在寨門後邊。韓遂讓人到曹操寨上喊話，再次約丞相攀談。這次曹操卻令曹洪引數十人出陣，曹洪來到韓遂面前幾步遠的時候，只在馬上欠身對韓遂說：「夜裏丞相拜託將軍的話，切莫有誤。」說完撥馬便回。韓遂正在愣神，怒不可遏的馬超已拍馬舞槍突出陣前，幸虧韓遂部將勸住，才怏怏回到大寨。回營後韓遂對馬超說：「賢侄且勿生疑，我絕無反心。」但馬超硬是不信，仍十分怨恨地離去了。韓遂部將見馬超如此無理，就勸韓遂投降曹操。曹操聽後大喜，答應事成之後給韓遂及其部將加官晉職，並約定當夜放火，裏應外合，共同對付馬超。馬超當夜雖然預知其謀，也斬殺了韓遂的幾員部將，並將韓遂的左手砍掉。但因西涼兵內部的自相殘殺和曹操四面圍攻，被打得大敗。經過拼死爭鬥，馬超最後只帶領龐德、馬岱等三十餘騎逃回西臨洮。

這個故事所依據的歷史史實在《三國志》、《資治通鑑》等史書中，都有程度不同的記載。對照《三國演義》中關於這個故事的描寫與信史的記載，就不難發現，故事中的主要情節和人物，在歷史上實有其事其人。在有的地方，羅貫中幾乎將有關歷史記載不加修飾地全部搬到小說之中。如曹操與韓遂陣前相會時對西涼兵眾所講的那段話，就屬於這種情況。但是，小說與史實明顯不同或者經過改易的是：韓遂當時並沒有投降曹操，他在被曹操戰敗以後，仍然「西走涼州」。

歷史上還曾有一個智者用計謀兵不血刃地除掉了三個對手，而且做得更加神奇，竟然用兩個桃子使三個人自殺而亡。這個故事是春秋戰國時期，齊國傑出相國晏嬰利用人的榮譽感、自尊心，巧除掉國家三大「隱患」。

齊景公為恢復齊桓公所開創的霸業，四處招納賢才，但不辨真偽，把當時號稱「三傑」的田開疆、古治子、公孫捷三個大力士也當成人才攏在身邊，並委以重任。這三人勇武無敵，戰功赫赫，力量超人，敢赤手空拳與猛獸搏鬥，但都是有勇無謀的武夫。他們攜勇恃寵，狐假虎威，橫行朝中。人們懼於他們的威勢，敢怒不敢言。這三人把身為相國的晏子也沒放在眼裏，見到晏子，沒有一個肯躬身行禮。晏子暗想，有這三個惡人在，賢人再不敢來，強國壯威必成絕路。所以力勸景公迷途知返，他耐心地給景公講了個「惡狗酒酸」的故事——有個賣米酒者，所做米酒可稱上等佳釀。他將酒簾高高掛起，希望吸引更多酒客，然而事與願違，酒都放酸了也無一個酒客登門。原來酒家養著幾條惡狗守在門口，酒客怕惡狗傷人，誰也不敢上門。

講完故事，晏子接著勸景公說：「與惡狗酒酸道理相同，國內賢士本想報效國家，但懼那三個橫眉豎目的大力士，這些力士起著惡狗的作用，他們是國家的隱患，還是除掉的好，免得貽患無窮。」景公將信將疑，也不敢下手：「要殺這三個人，幾乎不可能，還有誰比他們更厲害呢？」晏子卻不懼怕這些，終於尋機以智除掉這一隱患。

一日，魯昭公帶著大臣叔孫舍來齊訪問，景公設宴接待，三力士在堂下按劍而立。席間，晏子建議以園中蟠桃招待貴賓。景公說：「此桃從海外度索山引來，寡人不敢獨享，理應獻給貴賓。」晏子摘來六隻鮮桃，桃香撲鼻，客人稱奇。昭公與景公各吃一個，再賞賜叔孫舍、晏子各一個，剩下二個「三傑」待分。

怎麼分？此時晏子向景公建議：計功賞桃，誰的本領最大，誰就吃桃，景公讚許。先是公孫捷報功說：「我與國君去桐山打獵，打死一隻撲向國君的猛虎，救了國君，這功勞不算小吧！」晏子說；「捨生忘死，保主救駕，有功於國，理應賜桃。」便把一鮮桃給了公孫捷。古治子在旁不服說：「打死隻老虎又有啥了不起，我與國君過黃河時，一隻老黿把國君的坐馬拖下水，我潛到水裏逆流百步，順流九里，才找到老黿，救回坐馬，使國君轉危為安，這功勞如何？」景公說：「若不是他斬了妖黿，事情就大了，應賜桃。」於是晏子把另一桃給了古治子。田開疆見桃分完，竟沒自己的份，氣沖沖道：「我奉命討伐徐國，殺其將軍，俘其士卒，嚇得徐國投降，這功勞還配不上吃桃嗎？」晏子說：「這是拓疆之功，比打虎、斬黿大十倍，可惜無桃可賜，就賜杯酒吧！」田怒說：「打虎、斬黿是小事，為國擴域之人反吃不上桃，在國君面前丟了臉，也為萬代恥笑。」言罷拔劍自刎了。公孫捷這時深感羞愧：「我的勇武確實比不上田君，卻搶了田君之桃，他為桃而死，我不跟從算何朋友。」說罷也拔劍自刎了。古治子面對同伴的屍體，內心極不平靜，心想：他們死了，我還活著，這是不仁；吹噓自己、看不起他人，這是不義，仁義已喪，活有何用，況且我三人本是患難兄弟，他倆已死我怎好苟生？隨即自刎於地。

景公見此情景惋惜道：「三位將軍都有萬夫不當之勇，可惜為一桃而死，如此武士何處尋？」晏子說：「他們都是齊國有勇無謀之夫，我舉薦有將帥之才的田穰苴為將，必勝過『三傑』。他因出身微賤被人歧視，故隱居海濱，雖有報國之志，但武夫當道，豈有正直者入選。」景公納而用之。田穰苴果然能力不凡，在他的領導下，不出幾年，齊國擊退晉國、燕國的侵略，收復了失地。

五、鏟障礙，不放虎歸山

——尋找真正的威脅和真正的對手，集中全力給予致命的一擊，使其永無翻身的可能，自己方可高枕無憂。

作為像曹操這樣的豪傑來說，他的仇家非常多，但真正的對手並不多，惟其如此，對這為數不多的對手更應該斬草除根。因為，這少數對手是真正的威脅所在，一旦放虎歸山，最後鹿死誰手就難說了！曹操在這方面充分顯現了他奸雄的一面，無論此人為自己立過多大功勞，一旦成為對手，就絕不手軟。

1．事關根本，絕無情意可言

曹操東征西討，經營四方，不僅霸業盛大，而且也網羅了眾多的人才。由於曹操的事業名義上是漢家的事業，曹操本人也是漢臣，所以對於追隨曹操的有些人才，甚至說相當多的人才忠於漢朝，挽救危亡，既是他們的指導思想，也是他們跟曹操合作，追隨曹操的目的。

但隨著曹操力量不斷壯大，曹操的所作所為，日益顯出倒行逆施的面目，這些忠於漢室的人與曹操的矛盾也就日益明朗、尖銳。以曹操的個性與熱中於霸業的目的，只要他發現端倪，他是絕不能容忍的，也絕不心慈手軟。在這觸及其根本利益的地方，他依然如當初對呂伯奢一家一樣，「寧我負人，毋人負我」，而且表現出強烈的態度：順我者昌，逆我者亡。所以從建安初年始，他便開始了不斷清洗擁漢派的行動。像迎獻帝至許縣開始，他用獻帝名義殺侍中台崇，尚書馮碩等。

後來，因太尉楊彪一個無所謂的眼色，他把楊彪抓起，下獄欲處死，靠了孔融憤然抗議方作罷。害得楊彪後來為保全身家性命，竟十年閉門不出。但孔融救了楊彪，卻救不了自己。而楊彪逃脫了曹操的利刃，他的兒子楊修卻做了曹操刀下鬼。雖然楊修之死與擁漢事體並無關係，但從曹操其人心理情緒，甚至楊修本人的心理情緒，不能說沒有這方面因由。

還有前文已述的董承、耿紀等一起起清洗、鎮壓的事件。

但在這方面最見曹操態度酷烈的還是對待大功臣荀彧。荀彧無論從地位、聲望與曹操的關係，和為曹操所做出的貢獻上，曹操若稍有仁和、寬讓之心，都不能輕動荀彧。

因為對曹操霸業來說，荀彧可謂第一謀士。像官渡之戰，讓曹操在困難中堅持，在堅持中等待滅袁時機，使曹操不僅把握住了滅袁的機會，而且從天時、地利、人和諸多方面明白怎樣打垮袁紹。並且曹操不斷出征，荀彧總有運籌帷幄決勝千里之奇策，又有坐鎮京都，為曹操安定後方的大功。

而且荀彧身居朝廷，為尚書令，按職份曹操無權制裁。這一點荀彧與劉曄、賈詡等人是有區別的。但終於由於他忠於漢室，曹操就不能容忍他的存在了。

曹操對荀彧的反感、厭惡，明確於建安十七年，他欲封魏國公，加九錫，祕密徵求荀彧意見，荀彧明確表態說：「曹公起兵的目的，是為了安定國家，匡扶漢室，對聖上有的是一片赤誠。君子愛人以德，我們不能這樣做。」

曹操是派董昭去徵求意見的，董昭把荀彧的意見回稟曹操，曹操自然十分惱火。

這事情也許使曹操想起建安九年荀彧否定曹操恢復九州的動議。因當時天下為十四州，曹操佔冀州，欲撤十四為九，冀州便首先在擴大的考慮中。荀彧當時說天下未定，人心不穩，不可輕動引出亂子。這好像是為曹操安定天下，而實際未必不是抑制曹操勢力膨脹。

大概意識到對於自己奪天下，荀彧只會做於漢家有益的事，於是曹操對荀彧的態度也便完全變了。後來，曹操南征孫權，上表請荀彧代表朝廷到南方勞軍，等荀彧到了曹操駐地譙縣，曹操便把荀彧控制起來。沒多少日子，曹操進軍濡須，留荀彧於壽春。某日，曹操派人給荀彧送去一個食品盒，荀彧打開看時，是個空盒。他明白了曹操的意思，即服藥自殺，死時只有五十歲。

據《獻帝春秋》記載，荀彧與伏后謀曹操也有牽連。也就是說荀彧和曹操既合作，又目的完全不同。荀彧是指望匡復漢室，曹操當初也是以此號召英雄，後來就完全走向反面了，而當他發現荀彧有忠於漢室的傾向，便斷然制裁了。

荀彧死，獻帝幾乎絕望，悲痛不可言表，並且在士人中也引起巨大反響。因為荀彧名重天下，許多人以為楷模，鍾繇甚至認為他是王道的化身，認為孔門自顏回去世後，能以高尚德操，不二過、不遷怒的人就只有荀彧了，可見荀彧之影響了。

曹操越到晚年，越愛殺人。其實這倒不是他認為謀臣不重要，天下已大定了，相反，倒是他認為自己來日無多，謀臣的力量頗大，如果對那些離心力強的不除掉，就會讓後來的繼承人身邊不乾淨，因此他要替「代漢者」清君側。

無獨有偶，漢高祖死前也殺了不少人，尤其是大功臣韓信，其實也是為了保護劉家江山，而採取的一種預防措施。

韓信是劉邦人才集團中第一員大將，是一個謀略出眾、智慧超群、用兵如神的戰略家和智勇雙全的軍事統帥，在楚漢戰爭中為戰勝項羽建立了巨大的歷史功勳。他是淮陰人，出身十分貧苦，不得推擇為吏，又不能治生商賈，常從人寄食飲，人多厭之者。秦末農民起義暴發後，韓信毅然從軍，參加了項梁率領的起義軍隊伍。項梁戰死後，他又轉而跟隨項羽。漢元年（西元前二〇六年）初，又離楚歸漢，但因沒有得到劉邦的重用而憤然出走。後被蕭何追回，經過蕭何的極力推薦，一舉被劉邦超拔為漢軍統帥。在拜將臺上，韓信詳細分析了楚、漢雙方各自的優劣，力勸劉邦還定三秦，出關東向，與項羽爭奪天下。經過韓信的分析，大大增強了劉邦戰勝項羽的信心和決心。同時，也使劉邦了解了韓信的才幹，不僅對他刮目相看，而且對他充分相信，放手使用，委以重任，給予獨立指揮一個方面軍的全部權力。自此以後，韓信如魚得水，軍事才能得以充分顯示和發揮，在整個楚漢戰爭的大舞臺上，導演了一幕幕威武雄壯的活劇。漢元年八月，劉邦採納韓信計策，出奇兵，渡陳倉，定三秦。次年，打出函谷關，魏王、殷王、河南王等歸順劉邦。同年，當劉邦自彭城敗退西逃被困滎陽時，全靠韓信發兵尚得解圍，轉危為安。爾後，韓信打垮魏軍，活捉魏豹。接著飛越太行山，在井陘口用奇計打垮趙王歇軍二十萬。漢三年六月，劉邦拜韓信為相國，命他統轄張月的軍隊向齊國進兵。漢四年十月，韓信消滅齊、楚二十萬聯軍於濰水，並很快佔領了齊國全境。

韓信完成平齊之役，已經為劉邦奪取了大半個中國，這個功勞是劉邦集團中任何人也無法比擬的。但是，隨著韓信戰功的增加和佔地的廣闊，個人的權利欲也逐漸膨脹。尤其是平定齊國以後，韓信認為相國的頭銜已不足以當其功，於是向劉邦提出「假齊王」的封賞。也正是由此，埋下了被劉邦日後除掉的禍根。漢五年十月，韓信在劉邦封賞為齊王的鼓勵下，出色地指揮了對項羽最後圍殲的垓下之戰，為漢皇朝的建立立下了最後一功。至此，他的功業達到了頂點，但是，他對劉邦的功用也由此已經完結。漢六年十二月，劉邦將韓信逮捕監禁於京師，漢十一年正月，韓信因謀反被斬於長樂宮懸鐘之室。看來劉邦和曹操在殘忍方面是一路的。

2・斬草不除根，終當受其害

漢獻帝建安三年（西元一九八年），呂布派高順攻打劉備於沛，劉備大敗。曹操遣夏侯惇救劉備，也為高順所打敗，曹操親自率兵征討呂布。兵臨城下，給呂布去信，呂布想投降，陳宮因自己得罪過曹操，所以不同意呂布去降。呂布領千餘騎兵出戰，不利，諸將都有二心，所以每戰都不順利。曹操攻城很急，呂布上下離心，其部將把呂布綁起來歸順了曹操。《三國演義》第十九回寫道——

曹操入城，即傳令退了所決之水，出榜安民；一面與玄德同坐白門樓上。關、張侍立於側，提過擒獲一干人來。呂布雖然長大，卻被繩索捆作一團，布叫曰：「縛太急，乞緩之！」操曰：「縛虎不得不急。」布見侯成、魏續、宋憲皆立於側，乃謂之曰：「我待諸將不薄，汝等何忍背反？」憲曰：「聽妻妾言，不聽將計，何謂不薄？」布默然。須臾，眾擁高順至。操問曰：「汝有何言？」順不答。操怒命斬之。徐晃解陳宮至。操曰：「公台別來無恙！」宮曰：「汝心術不正，吾故棄汝！」操曰：「吾心不正，公又奈何獨事呂布？」宮曰：「布雖無謀，不似你詭詐奸險。」操曰：「公自謂足智多謀，今竟何如？」宮顧呂布曰：「恨此人不從吾言！若從吾言，未必被擒也。」操曰：「今日之事當如何？」宮大聲曰：「今日有死而已！」操曰：「公如是，奈公之老母妻子何？」宮曰：「吾聞以孝治天下者，不害人之親；施仁政於天下者，不絕人之祀。老母妻子之存亡，亦在於明公耳。吾身既被擒，請即就戮，並無掛念。」操有留戀之意。宮徑步下樓，左右牽之不住。操起身泣而送之。宮並不回顧。操謂從者曰：「即送公台老母妻子回許都養老。怠慢者斬。」宮聞言，亦不開口，伸頸就刑。眾皆下淚。操以棺槨盛其屍，葬於許都。後人有詩歎之曰：「生死無二志，丈夫何壯哉！不從金石論，空負棟樑才。輔主真堪敬，辭親實可哀。白門身死日，誰肯似公台！」方操送宮下樓時，布告玄德曰：「公為坐上客，布為階下囚，何不發一言而相寬乎？」玄德點頭。及操上樓來，布叫曰：「明公所患，不過於布；布今已服矣。公為大將，布副之，天下不難定也。」操回顧玄德曰：「何如？」玄德答曰：「公不見丁建陽、董卓之事乎？」布目視玄德曰：「是兒最無信者！」操令牽下樓縊之。布回顧玄德曰：「大耳兒！不記轅門射戟時耶？」忽一人大叫曰：「呂布匹夫！死則死耳，何懼之有！」眾視之，乃刀斧手擁張遼至。操令將呂布縊死，然後梟首。後人有詩歎曰：「洪水滔滔淹下邳，當年呂布受擒時；空餘赤兔馬千里，漫有方天戟一支。縛虎望寬今太懦，養鷹休飽昔無疑。戀妻不納陳宮諫，枉罵無恩大耳兒。」

劉備所說丁建陽與董太師之事，是指呂布先後投靠的丁原與董卓兩人，後來呂布因故都與兩人鬧翻，成為殺害兩人的人。據《三國志》記載，當時主簿王必也說：「布乃強虜，外邊還有他的部下，不可寬恕。」而劉備卻對呂布說：「本想放你，可是主簿不准。」曹操採納了劉備的意見，縊殺呂布，陳宮、高順等人也被斬首。

可見，斬草必當除根，而放虎歸山，終必受其害。劉巴在此方面可以說是很有先見之明的。

劉璋遣法正去迎劉備。劉巴勸劉璋說：「劉備有雄才大略，是非常之人，他來益州我們必受其害。」劉備到益州後，劉巴又對劉璋說：「如果讓劉備去討伐漢中的張魯，就像放虎歸山一樣，將會受其宰割。」劉璋不聽，巴閉門稱疾不出。劉備攻成都，曉喻大小三軍說：「有害劉巴者，滅三族。」後劉備得劉巴，十分高興。

這裏劉璋沒能像曹操那樣聽劉巴之言斬草除根，放虎歸山，終究遇害。而劉備則慧眼識人，對能夠高瞻遠矚、洞明事物機理的劉巴給以厚待，足以給人深刻的啟示。

現代運用技巧：要成功，先學會進攻

——物競天擇，適者生存。在人性的叢林中，要生存就必須戰鬥；在職場、商場和官場中，要成功就必須擊敗對手。

人們常說，現代社會的競爭日益「白熱化」，而不是「白刃化」，不能隨意殺人。但是魏武曹操的治人攏心之道的「殺」字訣仍具有普遍意義。因為，不僅商場如戰場，職場和官場哪一個不是「刃光劍影」，可見，要生存就必須戰鬥，要成功就必須擊敗對手。只是這種現代社會的鬥爭更加隱蔽、更加注重權謀。從這個意義上講，也更能體現出魏武曹操治人攏心之道的威力。

◎技巧一：借刀殺人，排除異己

這種技巧是指統御者自己不露面、不動手，而是能透過各種手段，利用第三者的力量，來撤換或整垮某個對手的一種治人攏心權術。在現實生活中，運用這一技巧時，應把功夫下在「借」字上。常見的「借」法有——

第一，故意搬弄是非，挑撥離間，在另一領導成員和某下屬之間製造矛盾，激化矛盾，然後藉助另一領導的權勢，將某下屬搞掉。

第二，有意打破心理均勢，迷惑下屬，造成下屬間的錯覺，互誤為敵，自相殘殺，然後看準時機，藉助某甲的勢力，整垮某乙。

第三，向上級謊報軍情，借上級領導之手，除掉自己的競爭對手或反對自己的人。

第四，明知某一決策方案存有嚴重缺陷，容易被群眾反對，仍然故意委託某甲去付諸實施，結果，果真激起民憤，大家都把矛頭對準某甲。這時就可以藉助群眾的力量迫使某甲就範。

第五，利用對手的家庭矛盾，唆使、鼓動他的配偶出來張揚對他不利的醜聞，以此來搞臭自己的對手。

第六，在領導群體內部，故意製造摩擦和內耗，令其自鬥而坐收漁翁之利，踏著別人的肩膀往上爬。

第七，藉助外地區、外單位的力量，使自己的對手承受很大的心理壓力，處於十分不利的被動地位，然後趁隙而入，取而代之。

第八，暗中向一部分不明真相的群眾提供某上級領導的「炮彈」，煽動他們起來反對該上級領導。當這矛盾達到一定火候時，便藉助群眾的力量將該上級領導撵下臺。

第九，以開展正當的嚴肅鬥爭為名，每隔一段時期，便脅迫一部分依靠力量從領導群體中清除掉某個反對過自己的人，以此來不斷鞏固自己在領導群體中的主宰地位。

第十，接過上級領導發出的號召，暗中塞進自己的私貨，打著貫徹上級領導指示的旗號，竭力搜集、揑造某甲的「罪行」，然後巧借上級領導之手將某甲整垮。

在採取上述各種手段時，統御者應躲在幕後，暗中操縱。而在公開場合，又以各種假象去迷惑對手，使對手一時難以看清你的真面目。諸如：以同情者的姿態出現，假發慈悲；以同盟者的姿態出現，火上加油；以中立者的姿態出現，假裝超脫，不介入；以旁觀者的姿態出現，表示受政紀國法的約束，不能插手；以受害者的姿態出現，求你為其伸張正義；以弱小者的姿態出現，假裝勢單力薄，自身難保，因而對患難中的同伴「愛莫能助」；以開導者的姿態出現，勸說挨整者克制態度，違心承認強加於己的「罪行」，從而置其於更加危險的境地等等。

◎技巧二：隔岸觀火，坐收漁利

這一技巧是指統御者對別人的危難，故意採取站在一旁看熱鬧的態度，以此達到保存自己、削弱甚至清除對手的目的。它是歷代統治者經常運用的一種政治權術和軍事計謀。乃是根據敵方陣營裏正在發展著的矛盾衝突，採取「坐山觀虎鬥」的態度，等待敵方兩敗俱傷，自相火拼，然後突然出擊，治服對手。中國古代傑出的政治家、軍事家孫武、孫臏、張良、曹操、諸葛亮等人，都曾巧妙地運用這一策略，取得事業上的巨大成功。隔岸觀火的形式多種多樣，其中比較常見的「觀火」手段，有以下幾種——

第一，對下屬的「求援」呼叫，故意裝聾作啞，坐視不救。

第二，當對方矛盾已經很突出，相互傾軋的氣氛越來越濃時，故意按兵不動，以促使對方進一步開展內耗鬥爭。這時候，假如過早發起攻擊，反而會促成對方各派勢力達成暫時的妥協，聯合起來一致對外。

第三，發現下屬有可能遇到「火情」，不提醒；「火苗」燒起來了，不援助；「火勢」越燒大，情況危急，不搶救。等下屬被「火」燒焦，陷於滅頂之災時，才以一貫正確的姿態出現，狠狠教訓下屬一頓，以此來迫使下屬就範。

第四，看到群眾對某下屬有意見，不及時給予批評幫助，而是故意聽之任之，等到群眾對他意見越來越多，某下屬已經威信掃地很難維持局面時，才站出來將他撤換掉。

第五，一開始和某甲共同從事某項工作，當發現某項工作會遇到重大困難，甚至有一定風險時，為了保全自己，便託故退出合作，站在一旁觀望。倘若某甲戰勝了困難，便伸手「摘桃」，聲稱自己也參與了此項工作；倘若某甲倒了楣，整個形勢不妙，便躲避三舍，趕緊聲明此事與自己無關。

第六，發現領導成員之間產生矛盾，不調解，不勸說，聽之任之，任其發展。甚至暗中做手腳，火上加油，激化矛盾。當矛盾雙方鬥得元氣大傷，威信掃地，這才以「公正」的面目出現，收拾殘局，乘機擴大自己的勢力範圍。

第七，靜觀某甲的「火勢」燒焦某乙，然後再迅速出擊，以自己更猛烈的「火勢」燒焦某甲。

第八，當四周平安無事，無「火」可觀時，根據權力之爭的需要，選擇最有利的地點，暗中放一把火，然後躲到對岸，靜觀「火情」的發展。當「火勢」蔓延，爭鬥雙方求援呼叫時，故意漠然視之，見死不救。當對方將「火」撲滅，正要鬆一口氣時，又以救火為名，行放火之實，再次將「火」點燃。如此這般，以欣賞自己放的「火」為樂事，趁火打劫。

第九，也有時候，「火勢」正在無關緊要的地方蔓延。為了權力鬥爭的需要，故意玩弄花招，將「火苗」引入自己感興趣的地方，然後靜觀「火情」的進一步發展。

應該看到，在採取上述「觀火」的手段時，統御者的真正目的，不在欣賞火情，而在趁火打劫。因此，「觀」到一定時候，只要時機成熟，就要馬上採取行動，在用人問題上做出有利於自己的安排。

◎技巧三：引蛇出洞，迎頭痛擊

這一技巧是指統御者在用人活動中，採用種手段，誘使下屬暴露真實思想，傾吐不同看法，然後乘機抓「把柄」，進行無情壓制和打擊，以此達到排除異己、擴大權勢的目的。當然，統御者也可以採用偵查的手段，及時發現、清除隱藏在人民群眾中的所謂危險分子。然而運用偵察手段，畢竟有一定的局限性，效果也不那麼好。倘若採用計謀將「蛇」引出洞來，加以捕殺，不僅省時省力，而且理由充分，還給人造成後發制人的錯覺，效果自然要好得多。常見的「引蛇」手段有——

第一，以幫助領導者改進工作為名，召開各種形式的會議，廣泛徵求群眾意見。當下屬顧慮重重不敢暢所欲言時，故意裝出誠懇的樣子，當眾許諾不戴帽子、不揪辮子、不打棍子。然而當下屬信以為真，真的提出不同看法時，就立即收起笑臉，露出凶相，一棍子將下屬打翻在地。

第二，找懷疑對象單獨談話，勸他向領導者「交心」、彙報思想，並以要求進步、委以重任做誘餌，引導對方「知無不言，言無不盡」。當下屬果真上當受騙，和盤託出自己的真實想法時，立即如獲至寶，從中精選「出格」的言辭，作為「把柄」，將下屬置於死地。

第三，以開展學術討論為名，號召大家暢所欲言，積極爭鳴。等摸清各派的主要觀點和基本傾向以後，立即改變腔調，變學術問題為政治問題，旗幟鮮明地支援擁戴自己的一方，排除、打擊反對自己的一方。

第四，以培養、鍛鍊為名，故意退居後臺，讓某甲主持一段工作。在這期間，密切觀察某甲的言行，注意分析他對自己是否忠誠，有無政治野心，一旦發現可疑情況，立即發動突然襲擊，興師問罪，無情地將某甲整下臺。

第五，打著招標競選、民主評議領導者的幌子，讓下屬充分發表個人意見。在這期間，著重搜集下屬的以下情報：其一，對自己的看法；其二，有無競選野心；其三，對其他領導成員的看法；其四，各種勢力的組合狀況。經過認真分析，從中篩選出對自己最有威脅能力的下屬，或最受下屬擁戴的其他領導成員，然後分別採取各種手段，將這些競爭對手整垮、搞臭。

第六，有時候，以廉價的讚許、肯定、默認，假裝支援下屬的工作，也不失為一種有效的「引蛇」方式。當下屬誤以為自己正受到了上司的「青睞」，因而對上司更加熱誠，對工作更加積極，對同事更加隨便，直至最後連應有的一點警覺和戒心也喪失殆盡時，領導者便可以尋找藉口，輕而易舉地將這個潛在對手收拾掉。

第七，將懷疑對象置於特定的環境中，看他是否對現實狀況表示不滿，對後進群眾表示同情，對上級領導發洩義憤，最重要的，看他對領導者個人是否「忠誠」。在這一切尚未弄清之前，故意裝出寬容、軟弱的樣子，對周圍的環境不做任何變更。等到懷疑對象不知是計，捲入漩渦，公開暴露自己的真實面貌時，立即動用鐵的手腕，將懷疑對象連同他的追隨者一網打盡。

第八，充分利用下屬的各種心理狀態，諸如求寵心理、參與心理、跟隨心理、顯示心理、向上心理、掩飾心理，巧設陷阱，誘使下屬喪失警惕，口吐真言，然後尋找藉口將下屬置於難於脫身的困境。

◎技巧四：落井下石，趁人之危

這種技巧是指統御者為了翦除異己，消滅政敵，往往趁對手遇到危難之機，設法加害於他。因為在這一時刻，對手的防御力量最弱。從統御活動的變化規律來看，任何人都有可能發生失誤，遇到危難。造成對手遇到危難的原因，大致來自兩個方面，即內憂、外患。所謂「內憂」就是由於自己內部產生矛盾，出現內耗，或者由於自身的各種原因，而陷入難以自拔的困境；所謂「外患」，就是指遇到他人攻擊，或者遇到不可抗拒的天災人禍，而處於焦頭爛額的被動地位。常見的落井下石手段有——

第一，當對方內部產生矛盾，出現內耗時，不但不幫助他們緩和矛盾，消除內耗，反而火上加油，激化矛盾，加劇內耗，進一步削弱對方的力量，最終達到除掉對方，由自己取而代之的目的。

第二，當對手工作中遇到困難，面臨破產邊緣時，不但不伸手相助，幫助他擺脫困境，反而設下圈套，製造假象，造成對手判斷失誤，從而將他推入徹底破產的深淵。

第三，當對手由於不熟悉情況，一時難以開展工作時，不但不向他提從真實情況，幫助他儘快進入角色，反而對他封鎖消息，甚至向他提供假資料、假情況，造成他工作中出現重大失誤。

第四，當對手由於自身素質較差，一時還難以勝任本職工作時，不但不幫助他逐步提高自身素質，反而製造事端，蓄意刁難，對他施加種種壓力，千方百計將他從現崗位上擠走。

第五，當對手被群眾誤解，陷入極度苦悶中時，不但不站出來向群眾澄清事實，做出解釋，幫助他消除誤解，反而故意散佈流言蜚語，加大群眾對他的不信任感，最終導致對手的下臺。

第六，發現上級領導對某甲產生看法，立即乘機「奏」上一本，致使某甲陷於更加困難的境地。

第七，得知上級領導想找某甲的「問題」，整整某甲，馬上就向領導提供整某甲的「炮彈」，雙方共同合謀，一齊整倒某甲。

第八，當某甲管轄的地區受到嚴重的自然災害，急需上級部門提供必要的財政援助和物資救濟時，故意製造各種藉口，「低估」當地的災情，少給甚至不給經濟援助。與此同時，卻將大量金錢、物資接濟另外一些災情較輕地區，幫助當地的領導者總結戰勝自然災害的「成績」，以此來達到貶低、打擊某甲的目的。

第九，本來和某甲是交往甚深的老同事、老戰友，當某甲突然交上厄運，被一夥別有用心分子圍攻時，不但不仗義執言，拔刀相助，反而悔恨交加、口口聲聲要和某甲「劃清界限」，甚至從背後捅某甲一刀，使某甲陷入更加險惡的境地。

◎技巧五：笑裏藏刀，暗中下手

這種技巧是指通過各種偽裝手段，欺騙、麻痹對方，使對方相信我方的「友好誠意」，失去警惕，我則藉機暗中謀劃，伺機行動，擊敗對方。笑裏藏刀，笑是假象，是一種偽裝的手段，笑的目的，是為了「藏刀」。藏刀，是為了等待動手的時機，一旦進機成熟，就將「圖窮匕首」。常見的裝「笑」手段有——

第一，裝作寬厚仁慈的樣子，和某下屬打得火熱，騙取了某下屬對自己的信任。等到掌握了對方的實底，抓住了對方的「把柄」，再突然翻臉，以迅雷不及掩耳之勢，將某下屬撤換掉。

第二，以「重用」某下屬為名，派他去完成某項任務，實則暗中派人密切監視他的一舉一動。一旦發現「問題」，立即興師問罪。

第三，「能而示之不能」，假裝說自己年老體衰，想「退」下來，以此試探某下屬的用意。倘若對方流露出急切盼望自己退下來的意思，立即尋找藉口，無情地將某下屬搞下去。

第四，「懂而示之不懂」，裝作向對方虛心「請教」的樣子，通過請教，摸清對方虛實，找到下手的地方，然後十分隱蔽地將對方整掉。

第五，「用而示之不用」，佯稱不想用某甲，以此騙取某乙的信任。待到某乙對自己失去警惕，逐漸露出破綻，再突然起用某甲，然後和某甲聯合起來，共同收拾某乙。

第六，平時以小恩小惠欺騙對方，穩住對方，待到關鍵時刻，再露出猙獰面目，一舉擊敗對方。

第七，以「借用」為名，將某甲調離原單位一段時間。趁此機會，指示某乙在該單位安插自己的親信，培植自己的勢力。待到「借用」期滿，原單位早已落入某乙手中。某甲大權旁落，只得充當某乙的傀儡。

第八，以「援助」為名，派遣自己的親信充實到某甲管轄的地區和單位，「幫助」某甲開展工作。在進行「幫助」的過程中，逐步接管這一地區和單位的實權，使某甲不得不聽命於自己。

第九，以「培養」為名，將某下屬選送入學，實際上是藉機奪取他手中的大權。等到學習期滿，或者將該下屬「推」到外地區外單位工作，或者將他分配到一個較次要的崗位上任職。

第十，以「關心」為名，經常過問某甲的工作、學習、生活、家庭，暗中蒐集他的缺點和錯誤。待到研究某甲是否能得到「重用」的關鍵時候，突然站出來，以「對國家負責」的名義，將某甲的「問題」統統披露出來，從而十分有效地阻止了某甲的高升。

◎技巧六：以羊替罪，轉嫁危機

這種技巧是指統御者在遇到重大挫折以後，為了擺脫困境，化被動為主動，而玩弄手腕，轉嫁災禍，有意犧牲某個下屬的一種用人權謀。統御者抓替罪羊，儘管瞞不過權力圈裏的多數行家的眼睛，但通常能一時騙住廣大群眾，使他們相信：「一貫正確」的統御者，又懲處了一個不按他的意見辦事的「壞蛋」。在日常生活中，常見的「抓羊」手段有——

第一，領導者首先利用某個下屬去制服那些反對自己的人，當這個下屬「出色」完成了任務，同時激起了人們的普遍憤慨時，領導者又突然把他拋出去，嚴厲懲處他，以平息民憤。就像曹操殺典倉吏。

第二，某項工作由於種種原因，長期搞不上去，群眾意見很大。為了轉移群眾的視線，保住自己的地位，便將主管該項工作的某甲當作替罪羊，撤職查辦，以顯示自己的一貫正確。

第三，領導集團遇到嚴重危機，廣大群眾對現領導層疑慮重重，很不信任，為了維持多數領導成員的統治權力，化被動為主動，經過一番權力之爭，無情地將失敗者拋出去，並且向廣大群眾解釋現領導層犯的種種錯誤和過失，都是這個「害群之馬」幹的。

第四，某項工作自以為幹得不錯，報給上級部門請功，誰知道違背了上級領導的意圖，犯了原則性錯誤。上級部門怪罪下來，自知形勢不妙，為了留得青山在，日後有柴燒，經過一番策劃，趕緊找一個下屬當替罪羊，向上級有個交待，以解燃眉之急。

第五，向下屬佈置任務時，再三強調：「此事關係重大，只許幹好，不許幹壞！」藉此留下伏筆。倘若下屬出色完成任務，便將此功竊為己有，大肆宣揚，擴大自己的影響，萬一下屬慘遭失敗，也無甚要緊，反正自己有言在先，只須將此過推給下屬，讓他替自己背著就是了。

第六，此事明明是自己的得力下屬辦砸了，為了保住該下屬，趕緊想個應急辦法，將造成重大損失的直接責任，推給另一個參與此事的下屬。

第七，一人犯錯誤，集體來承擔，讓整個集體為個人當替罪羊。

第八，現在的領導沒有抓好工作，將責任推到以前的領導身上，讓早已調走或下臺的領導當替罪羊。

〈全書終〉

國家圖書館出版品預行編目資料

曹操用人術／東野君 著，-- 修訂二版 --
；－新北市：新BOOK HOUSE，2018.09
面；　公分
ISBN　978-986-96415-8-6（平裝）
1.應用心理學 2.謀略

177　　　　107011386

曹操用人術

東野君　著

〔出版者〕新 BOOK HOUSE
電話：(02) 8666-5711
傳真：(02) 8666-5833
E-mail：service@xcsbook.com.tw
〔總經銷〕聯合發行股份有限公司
新北市新店區寶橋路235巷6弄6號2樓
電話：(02) 2917-8022
傳真：(02) 2915-6275

印前作業　東豪印刷事業有限公司

修訂二版　2018年09月